SECRETOS *de* FE

Para una vida abundante

LUIS ÁNGEL DÍAZ-PABÓN

B&H
ESPAÑOL
Porque Cada PALABRA Cuenta™
BHEspanol.com

ISBN 978-1-4336-8907-9
B&H Publishing Group
Nashville, Tennessee 37234
www.BHEspanol.com

Diseño interior: Juicebox Designs

Impreso en EE.UU.

1 2 3 4 56 7 * 18 17 16 15

ÍNDICE

INTRODUCCIÓN GENERAL

El libro que usted tiene en sus manos es el Manual de Trabajo de mi obra «Secretos de Fe para una Vida Abundante». En ese libro intento mostrar los secretos de fe descubiertos durante casi cuatro décadas de trabajo ministerial y compañerismo íntimo con mi Señor Jesús. Les aseguro que yo mismo hubiera querido leer algo como esto. Es muy probable que me hubiera evitado muchos dolores de cabeza y otros tantos errores que retrasaron mi crecimiento personal y ministerial.

Predicar y enseñar sobre el tema de la fe, además de responder a las múltiples preguntas que me hacen los creyentes, me ha obligado a estudiar, orar, pensar y sobre todo a vivir la fe con mayor solicitud cada día. Para mí es evidente que el modelo de fe que todos necesitamos no puede estar basado en ideas populares, sino en la Biblia. La manera de desarrollar nuestra fe es contemplando lo que está escrito por el Espíritu Santo en las Escrituras. Cuando afirmamos «yo creo», siempre alguien nos preguntará «¿qué crees?». De allí que es muy importante que definamos lo que creemos y que sepamos exactamente de dónde hemos sacado esa creencia.

¿Creeremos simplemente lo que se nos ocurra? ¿Creeremos lo que la mayoría cree o creeremos con firmeza lo que dice Dios? La fuente de lo que creemos es fundamental para esgrimir la autenticidad de la fe profesada. El proceso de la fe comienza creyendo, no confesando. No se habla para creer, se habla porque se cree.

Es mi oración que a través de estas lecciones Dios me conceda servir este manjar de fe en su mesa. Disfrútelo y... ¡buen provecho!

Dr. Luis Ángel Díaz-Pabón

RECURSOS

Tanto el orientador de la clase como el alumno deben tener la Biblia como texto fundamental, y usar el libro *Secretos de fe,* del Dr. Díaz-Pabón, para que el maestro pueda preparar su clase, y para que el alumno amplíe las ideas abordadas en el curso y conozca enriquecedores testimonios.

Primera Parte

LA FE *de* ABRAHAM

Lección 1

UNA FE GUERRERA

AFIRMACIÓN BÍBLICA PARA MEMORIZAR:
Creyó en esperanza contra esperanza [...]
conforme a lo que se le había dicho.

Romanos 4:18

DINÁMICA DE MOTIVACIÓN

Pregunta de discusión grupal: Cuando decimos que tenemos fe, ¿cuál de estas dos actitudes piensa que es la correcta?:

1. *Tengo fe y por eso espero que algo suceda.*
2. *Tengo fe y por eso debo trabajar tenazmente para que algo suceda.*

PROPÓSITO DE LA LECCIÓN

Tenga en cuenta que las presentes lecciones irán desarrollando el tema de la fe desde diferentes perspectivas. Entonces durante el desarrollo del libro completo, iremos profundizando el concepto y la práctica de la fe a la luz de la Palabra de Dios.

En esta lección en particular, abordaremos el aspecto motivacional y activo de la fe. Descubriremos, exploraremos y comprobaremos que los resultados de la fe no son instantáneos ni automáticos.

INTRODUCCIÓN

Observe con atención los siguientes aspectos que analizaremos en la lección:

La fe no es pasiva; la fe es batalla
La fe debe llevarnos a una meta
La fe debe tranquilizarnos y ponernos en marcha
La fe es la búsqueda de las promesas de Dios
La fe es Motivo - Acción

LECTURAS

Busque en la Biblia, lea y medite sobre el tema siguiendo las ideas expuestas en esta cadena bíblica:

Éxodo 14:14-15
Romanos 4:18
Filipenses 3:12

ENSEÑANZAS PARA LEER Y DISCUTIR EN GRUPO

ENSEÑANZA N°1: *¿Qué hacer cuando la fe atraviesa el crisol de la prueba?*

Somos forjadores de nuestro destino (Gál. 6:7). Esto significa que hay que trabajar muy duro para darle a nuestra vida la forma y la sustancia que glorifican a Dios. Quizás usted está comenzando una nueva etapa en su vida o ministerio en donde debe resistir las asechanzas del diablo, o está luchando para no aceptar las cosas que, a la luz de las Escrituras, ha entendido que no forman parte del plan de Dios para usted.

Es en medio de esas luchas de fe donde descubrimos que esta es también «batalla» y Romanos 4:18 cobra un nuevo matiz: «Él creyó en esperanza contra esperanza, para llegar a ser padre de muchas gentes, conforme a lo que se le había dicho».

¿Cuáles son las cosas que le parecen imposibles de alcanzar en este momento de su vida?

_____

_____

_____

_____

ENSEÑANZA N°2: *Abraham había anhelado toda su vida un hijo que no llegaba, ¿por qué creer ahora que sí llegaría?*

Para el patriarca Abraham, la fe significaba batallar. Él decidió creer basado en su esperanza, aun cuando no había razones para hacerlo. Creyó a pesar de la experiencia personal, de la opinión social y aun estuvo dispuesto a creer en contra de la naturaleza misma. Esta actitud que a cualquiera le podría parecer locura es uno de los testimonios de fe más hermosos que hay en las Escrituras. Toda persona que desee alcanzar algo mediante la fe, debe saber que no es una varita mágica. En muchos sentidos, tener fe significa pelear, luchar y entrar en guerra.

¿Cuáles son las batallas   _____
que debe librar en fe en este   _____
momento de su vida?   _____

ENSEÑANZA N°3: *¿Adónde voy con mi fe?*

Es notable que el texto bíblico dice que la batalla de fe de Abraham era «para llegar a ser padre de muchas gentes». La acción de fe necesita una orientación específica. Las metas deben estar determinadas con claridad antes de iniciar la batalla, porque de otro modo, se encontrará dando palos a tientas. Pelear por pelear es un vicio. Sin embargo, pelear para «llegar a…» es parte de la fe. Las metas, las visiones y la fe siempre señalan el camino hacia el logro de un propósito específico.

¿Qué le pedirá exactamente   _____
el Señor que consiga en este   _____
momento de su vida?   _____

ENSEÑANZA N°4: *¿Qué debemos hacer: quedarnos tranquilos o marchar?*

El Señor no espera que gastemos nuestras energías peleando con el enemigo. Más bien, Su deseo es que empleemos cada gota de energía para hacer Su voluntad, avanzar en Su propósito y desarrollar la visión celestial. Para pelear con el diablo tenemos que mirar hacia atrás, pero el Señor nos quiere con los ojos puestos en la meta y sin admitir distracciones que solo terminan retrasándonos.

———————————————— *¿Cuáles son las mayores*
———————————————— *distracciones que lo apartan*
———————————————— *del propósito de Dios en este*
———————————————— *momento de su vida?*

ENSEÑANZA N°5: *¿Cómo reconocer las metas?*

La revelación divina representa un papel determinante en el proceso de descubrir nuestras metas. Es encontrar un mensaje que llegue por iniciativa divina y que nos revele el plan de Dios. Este principio está nuevamente en Romanos 4:18, donde Pablo nos aclara que la meta de Abraham se definió al recibir un mensaje específico de parte de Dios: «conforme a lo que se le había dicho». Un propósito inquebrantable que nace del corazón del hombre puede ser mera obstinación, pero el que nace del corazón de Dios produce fe. Los hombres de fe no son electores, son más bien elegidos. Ellos descubren las metas y el propósito de Dios, no los diseñan.

———————————————— *¿Qué puede decir de la*
———————————————— *calidad de su tiempo para*
———————————————— *conocer al Señor y Sus*
———————————————— *planes en Su Palabra?*

ENSEÑANZA N°6: *¿Cómo pasar de la motivación a la acción?*

Quien define una causa, hallará una razón por la cual luchar. La fe es una fuente de motivación inagotable. Al emplear el término motivación, no debemos pensar sencillamente en algo que nos cause gusto, placer o deseo, sino más bien en un objetivo que nos pone en acción y nos lleva a lograrlo a cualquier precio. Tener fe es descubrir los objetivos de Dios que nos muevan y nos den la convicción de que a todo lugar a donde nos lleve la voluntad de Dios, Su Presencia y Su gracia nos sostendrán.

¿Cuáles son las luchas que le parecen imposibles de vencer en este momento de su vida?

_____

_____

_____

_____

AFIRMEMOS LA ENSEÑANZA PRINCIPAL

Necesitamos una fe guerrera, una fe como la de Abraham, que era entendida, atrevida y perseverante, pero también paciente. Cualquiera puede tener fe cuando los milagros llegan al instante. Sin embargo, existe un tipo de fe poco apreciada por algunos ya que requiere paciencia. La paciencia es fe extendida que permanece aun cuando no vemos una respuesta inmediata. Es la profunda convicción de que, a pesar de no ver, igual confiesa que aquel que prometió es fiel para cumplir Su promesa.

EJERCICIO BÍBLICO

Reflexione y luego reproduzca con sus propias palabras el siguiente pasaje: «Jehová peleará por vosotros, y vosotros estaréis tranquilos. Entonces Jehová dijo a Moisés: ¿Por qué clamas a mí? Di a los hijos de Israel que marchen» (Ex. 14:14–15).

_____

_____

_____

_____

RESUMEN DE LA LECCIÓN

- ☐ Somos forjadores de nuestro destino (Gál. 6:7). Esto significa que debemos trabajar muy duro para darle a nuestra vida la forma y la sustancia que glorifican a Dios.
- ☐ Para el patriarca Abraham, la fe significaba batallar. Creyó a pesar de la experiencia personal, de la opinión social y aun estuvo dispuesto a creer en contra de la naturaleza misma.
- ☐ La acción de fe necesita una orientación específica. Las metas deben estar determinadas con claridad por la Palabra de Dios antes de iniciar la batalla.

☐ Dios nos quiere con los ojos puestos en la meta y no permite distracciones.

☐ Los hombres de fe no son electores, son más bien elegidos. Ellos descubren las metas y el propósito de Dios, no los diseñan.

☐ Tener fe es hallar motivos en Dios que nos muevan, bajo la convicción de que a todo lugar adonde nos lleve la voluntad de Dios, Su gracia nos sostendrá.

APLICACIÓN

De lo tratado en la lección, escriba un breve párrafo o frase sobre algo que para usted es particularmente importante y no debe olvidar:

_____

_____

_____

_____

PARA COMPARTIR EN GRUPO

Anote aquí una experiencia personal relacionada con el tema de *Una fe guerrera* y las lecciones que pudo aprender de los testimonios de sus otros compañeros:

_____

_____

_____

_____

Lección 2
La FE *que* NO *se*
DEBILITA

AFIRMACIÓN BÍBLICA PARA MEMORIZAR:

Y no se debilitó en la fe al considerar su cuerpo,
que estaba ya como muerto (siendo de casi cien
años), o la esterilidad de la matriz de Sara.

Romanos 4:19

DINÁMICA DE MOTIVACIÓN

Enunciado para la discusión grupal: Muchos cristianos señalan enfáticamente que no tienen fe suficiente y que necesitan aumentar su fe.

1. *¿Cuáles son las circunstancias que debilitan nuestra fe?*
2. *Compartan en el grupo experiencias personales de debilidad en la fe.*

PROPÓSITO DE LA LECCIÓN

En esta lección, aprenderemos que no podemos dejar nuestra vida librada al azar. Para no descuidar nuestra fe se necesita trabajo y esfuerzo personal, porque nada ocurre de manera automática en la vida cristiana.

Preste atención a los siguientes aspectos que analizaremos en la lección:

La dimensión espiritual de la fe
Nunca es demasiado tarde para Dios
El caso de Abraham
Creer hasta que llegue la respuesta

INTRODUCCIÓN

Cuando el pecado incursiona en la realidad humana, notamos una tendencia general al desorden, al deterioro y a la destrucción. La Biblia nos revela con claridad que el fruto inevitable del pecado es la muerte. Esta tendencia deteriorante es parte de ese proceso de muerte en el que se encuentra el hombre a causa del pecado.

En la sociedad, se observa de manera acentuada esta inclinación negativa. En muy raras ocasiones oímos que disminuya alguna lacra social. Por el contrario, los males sociales aumentan y nuestros pueblos se deterioran. El maltrato de menores, el hostigamiento sexual, la adicción a las drogas, el divorcio, la infidelidad conyugal, el robo, la mentira y otros tantos males van en aumento día a día sin que los pueblos encuentren soluciones. También observamos que hay muchas otras cosas que se consideran buenas y válidas hoy en día, pero que rechazan de plano la moral cristiana y bíblica. Esto adquiere más dramatismo al ver que aun los gobiernos y las religiones también experimentan la misma erosión moral.

Todo parece indicar que si abandonamos un objeto o lo hacemos actuar en contra de su naturaleza tenderá a deteriorarse hasta quedar del todo arruinado, a menos que hagamos algo para evitarlo. Lo vemos, por ejemplo, en el plano de la salud. Se requiere de un esfuerzo consciente para mantener el organismo en condiciones óptimas. De la misma manera, si cerramos una casa durante un tiempo prolongado sin que alguien entre en ella, al volver a abrirla nos llevamos la sorpresa de que no se ha mantenido como la dejamos, sino que se ha deteriorado. En general, los malos olores, la suciedad, el moho y el deterioro dominan el ambiente sin siquiera haberlo tocado. Por otro lado, un jardín desatendido pronto se llena de abrojos, insectos y mala hierba.

De igual manera, las relaciones entre los seres humanos tampoco sobreviven cuando no se les presta la debida atención. Si descuidamos nuestras relaciones, al poco tiempo comenzarán las malas interpretaciones, los malentendidos, y con el tiempo la frialdad y la distancia acabarán por arruinar toda relación.

LECTURAS

Busque en la Biblia, lea y medite sobre el tema siguiendo las ideas expuestas en esta cadena bíblica:

Romanos 3:4
Romanos 4:19

ENSEÑANZAS PARA LEER Y DISCUTIR EN GRUPO

ENSEÑANZA N°1: *¿Cómo puede afectar nuestra fe esa predisposición general hacia el desorden y la destrucción?*

Esa inclinación al deterioro es parte del proceso en el que se encuentra el ser humano a causa del pecado. Conscientes de esa inclinación, no podemos abandonar nuestra vida a las fuerzas de las circunstancias o del azar. Como colaboradores del Espíritu Santo, trabajamos con Él en el desarrollo y diseño que ha establecido para nuestra vida. Esto supone ocuparnos responsablemente de lo que somos y de lo que esperamos llegar a ser. El cultivo de una buena relación cotidiana con el Señor debe ocupar el primer lugar en la vida de los que anhelan un auténtico desarrollo y un freno a la inclinación natural hacia la destrucción.

¿Qué áreas de su vida ha dejado libradas al azar que debe poner en las manos del Señor nuevamente?

_____
_____
_____
_____

ENSEÑANZA N°2: *¿La fe se debilita?*

Al lanzar una pelota al aire, sube hasta que el efecto de la gravedad hace que comience a descender. Lo mismo sucede con la fe. Se fortalece o se debilita, pero nunca queda paralizada. Por eso es que el llamado «estancamiento espiritual» es, en realidad, un retroceso en la fe. Si me piden que señale un mal que aqueja a la Iglesia de Cristo en nuestros días, diría que el debilitamiento de la fe es uno de los peores y más comunes males que nos aquejan como pueblo de Dios.

¿Podría mencionar algún
momento en su
vida cuando pensaba que
su fe estaba estancada
pero en realidad estaba
retrocediendo?

ENSEÑANZA N°3: _¿Cómo se produce el crecimiento en la_ _vida cristiana?_

Nada ocurre de manera automática en la vida cristiana. No podemos esperar que el crecimiento se produzca de forma espontánea solo porque somos creyentes y esperamos que todo funcione de manera automática, y de un día para otro. Quien piensa de esa manera pronto se dará cuenta de que ocurre todo lo contrario y terminará desanimado. Si no prestamos atención a nuestra fe de manera apropiada, como el que cuida un huerto, pronto observaremos que el fruto esperado no llega nunca.

Siguiendo la analogía del
huerto, ¿qué deberíamos
hacer para cultivar el fruto
espiritual en nuestra vida?

ENSEÑANZA N°4: _¿Cuándo es demasiado tarde para la fe?_

Algunos creen que es demasiado tarde para crecer o que hay problemas muy complicados como para que se resuelvan. El paso del tiempo sin que suceda aquello que esperamos es una de las razones para el debilitamiento de la fe. Pero nunca es demasiado tarde para Dios. Por eso, la tardanza no es una razón que justifique el debilitamiento de nuestra fe. No importa lo que digan las circunstancias ni lo que opinen los hombres, y menos importa lo que vean o no vean nuestros ojos.

*¿Cómo ha reaccionado
cuando ha visto que el
tiempo pasa y sus oraciones
no han sido contestadas?*

_____
_____
_____
_____

**El que desmaya en el momento más oscuro de la noche,
tal vez se rinda solo segundos antes de que amanezca.**

ENSEÑANZA N°5: *La fe es importante en todas las áreas de la vida. ¿Puedo pedirle un esposo o una esposa a Dios?*

Recuerdo a una joven en la iglesia que anhelaba que Dios le diera un esposo. Le dije: «Mujer, orar, orar, orar y orar es la única solución que veo para satisfacer tu anhelo». También le dije: «Ora y sé específica con el Señor». Ella lo hizo así y con el tiempo, conoció a un pastor que, al igual que ella, oraba pidiéndole a Dios una compañera. Ahora tienen un matrimonio feliz. Con este breve ejemplo podemos aprender cómo la fe es eficaz en todas las áreas de nuestra vida.

*¿Puede dar algún
testimonio de cómo el
Señor ha respondido sus
oraciones en diferentes
áreas de su vida?*

_____
_____
_____
_____
_____

ENSEÑANZA N°6: *¿Las circunstancias debilitan la fe?*

Como vimos en la lección anterior, Abraham tenía sobradas razones para debilitarse en la fe. Pero dudar era un lujo que el patriarca no estuvo dispuesto a darse. A pesar de las circunstancias, decidió creer en la promesa de Dios. Su fe no consistió en negar de manera absurda las realidades e imposibilidades en su vida, sino en evitar que esas razones debilitaran la fe y la confianza que tenía en Dios. La fe es confesar, es decir, reconocer lo que dice Dios y no lo que ven nuestros ojos naturales.

_____   *De acuerdo a la lección*
_____   *anterior, ¿qué aprendió*
_____   *Abraham, que no debemos*
_____   *olvidar, con respecto a la fe?*

ENSEÑANZA N°7: *¿Hasta cuándo vamos a tener fe?*

La respuesta es muy directa: ¡Hasta llegar a ser lo que Dios ha establecido! La meta la establece Dios y no nosotros. La mediocridad no es parte del plan de Dios para Sus hijos. Así que al movernos con fe lo hacemos en un marco de excelencia, procurando siempre lo óptimo, no renunciando a encontrar la voluntad de Dios. La fe nunca hará que nos detengamos antes de alcanzar la meta. El que renuncia en el momento más oscuro de la noche, tal vez se está rindiendo solo segundos antes de que amanezca.

_____   *Recuerda algunos*
_____   *personajes bíblicos que*
_____   *no renunciaron hasta*
_____   *obtener lo prometido. ¿Qué*
_____   *aprendemos de ellos?*

AFIRMEMOS LA ENSEÑANZA PRINCIPAL

Para evitar el deterioro que resulta tan común y corriente en la vida, es indispensable tomar medidas y realizar un esfuerzo planificado y cotidiano. El cultivo de una buena relación con el Señor debe ocupar el primer lugar en la vida. En una ocasión percibí claramente que el Señor me decía: «En la rutina diaria de tu vida cristiana me voy a revelar. Allí me hallarás».

No hay razones justificables para debilitarnos en la fe. Consideremos la experiencia de Abraham y otros que estuvieron en situaciones peores a las nuestras y no se debilitaron en la fe.

Por ejemplo, la situación de Abraham era crítica, su problema serio y hasta carecía de solución humana. Su cuerpo estaba ya como muerto debido a su avanzada edad y eso le impedía engendrar el hijo que el Señor le había prometido. Sara también estaba en las mismas condiciones que su anciano esposo. Por lo tanto, en su cuerpo ya no quedaban óvulos que pudieran fecundarse; razón más que suficiente para perder la fe de que pudieran tener un niño. Como si lo anterior fuera poco, Sara era ya estéril desde la juventud. Su matriz nunca había tenido la capacidad de concebir. Sin embargo, Abraham decidió creer en la promesa de Dios.

EJERCICIO BÍBLICO

Reflexione y luego reproduzca con sus propias palabras el siguiente versículo: «Sea Dios veraz, y todo hombre mentiroso» (Rom. 3:4).

RESUMEN DE LA LECCIÓN

- ☐ Siempre consideremos la dimensión espiritual y analicemos cómo las tendencias y las circunstancias negativas afectan nuestra fe.
- ☐ No podemos dejar nuestra vida librada al azar o a las circunstancias.
- ☐ El cultivo de una buena relación cotidiana con el Señor debe ocupar el primer lugar en la vida de los que anhelan un auténtico desarrollo integral en la vida.
- ☐ Son muy pocas las cosas que ocurren de manera automática en la vida cristiana.
- ☐ No podemos esperar que el crecimiento y el avance espiritual se produzcan de forma espontánea solo porque ya somos creyentes.
- ☐ La fe se fortalece o se debilita, pero nunca queda paralizada. El llamado estancamiento espiritual es, en realidad, un retroceso en la fe.
- ☐ Como en el caso de Abraham, debemos evitar que nuestra fe se debilite.
- ☐ Algunos creen que es demasiado tarde o que su problema es muy complicado. El paso del tiempo sin que ocurran cambios es una de las razones del debilitamiento de la fe. Sin embargo, hoy no es tarde para Dios.
- ☐ No hay razones justificables para debilitarnos en la fe.
- ☐ No importa lo que digan las circunstancias ni lo que opinen los hombres, y menos importa lo que vean o no vean nuestros ojos. Lo importante es lo que Dios dice y promete.
- ☐ Consideremos la experiencia de otros que estuvieron en situaciones similares o peores a las nuestras y no se debilitaron en la fe.
- ☐ Seamos específicos al orar.

☐ Abraham tenía razones sobradas para debilitarse en la fe, pero no lo permitió.

☐ Abraham no estuvo dispuesto a darse el lujo de dudar. A pesar de las circunstancias, decidió creer la promesa. Era consciente y podía entender con claridad cuál era su situación. Su fe no consistió en negar de manera absurda estas realidades contrarias, sino en evitar que estas debilitaran la fe que tenía en Dios.

☐ La fe es confesar, es decir, percibir con claridad lo que Dios dice y no lo que ven los ojos naturales.

☐ No se puede fundar la fe en la sabiduría de los hombres, sino en el poder de Dios. Los hombres se detienen ante la dificultad. La fe, en cambio, supera lo imposible y nos lleva a no detenernos hasta alcanzar aquello que el Padre ha prometido.

☐ La mediocridad no es parte del plan de Dios para Sus hijos. Así que al movernos con fe, lo hacemos en un marco de excelencia procurando siempre lo óptimo, que es la voluntad de Dios. La fe no se detiene antes de alcanzar la meta.

APLICACIÓN

De lo tratado en la lección, escriba un breve párrafo o frase sobre algo que para usted es particularmente importante y no debe olvidar:

_____

_____

_____

PARA COMPARTIR EN GRUPO

Anote aquí una experiencia personal relacionada con el tema *La fe que no se debilita* y las lecciones que pudo aprender de los testimonios de sus otros compañeros::

_____

_____

_____

_____

Si alguien le preguntara: «¿Hasta cuándo vas a tener fe?», conteste: «¡Hasta llegar a ser lo que Dios ha prometido!».

Lección 3

FORTALECIDOS
en la FE

AFIRMACIÓN BÍBLICA PARA MEMORIZAR:

Tampoco dudó, por incredulidad, de la promesa de Dios, sino que se fortaleció en fe, dando gloria a Dios.

Romanos 4:20

DINÁMICA DE MOTIVACIÓN

Enunciado para la discusión grupal: La gratitud es un elemento fundamental para nuestro desarrollo espiritual.

1. *Mencione algo específico en su vida por lo que dar hoy gloria a Dios.*
2. *Tengamos un tiempo de oración en gratitud al Señor por Sus bondades.*

PROPÓSITO DE LA LECCIÓN

En esta lección aprenderemos que fortalecerse en la fe es, además de un deseo, una decisión. Este fortalecimiento surge de una relación vital con Dios que se observa en los más mínimos detalles de nuestra existencia.

Observe atentamente los siguientes aspectos que analizaremos en la lección:

Planificar el fruto

El conformismo es un lujo muy costoso
El crecimiento debe ser continuo
Crecer es una decisión
Secreto para crecer en la fe
Una rutina de ejercicios para fortalecer la fe
La fe no es un espectáculo público
Cuidado con la máscara religiosa
Un lugar para los entristecidos que no pierden la esperanza

INTRODUCCIÓN

Una vez más, tomaremos como ejemplo el tema del cultivo como ilustración, debido a su riqueza figurativa para nuestra fe cristiana. En el capítulo anterior mencionamos que la mala hierba crece sin atención. En cambio, cultivar un lindo huerto requiere de planificación y esfuerzo. Esto significa, en términos prácticos, la preparación de buena tierra, un deshierbe apropiado, la poda a su tiempo, regar con la cantidad de agua indicada y un abono específico. Estos son solo algunos de los detalles que debemos cuidar cuando deseamos cultivar la tierra como es debido. De la misma manera, hay ciertos secretos que el hijo de Dios, como el agricultor con el huerto, debe conocer con el fin de fortalecer su fe.

LECTURAS

Busque en la Biblia, lea y medite sobre el tema siguiendo las ideas expuestas en esta cadena bíblica:
Romanos 4:20
Proverbios 4:18
Juan 15:5
Filipenses 4:13
Romanos 14:8
Santiago 5:13
1 Tesalonicenses 4:13

ENSEÑANZAS PARA LEER Y DISCUTIR EN GRUPO

ENSEÑANZA N°1: *¿Cuánto y de qué calidad es el fruto deseado?*

Hay ciertos secretos que el hijo de Dios, como el agricultor con el huerto, debe conocer a fin de fortalecer su fe. Quien espera un producto de excelencia y calidad supervisará la semilla, y elegirá solo la que corresponde a sus expectativas con respecto a la cosecha. De igual modo, la cantidad cosechada guarda directa relación con la cantidad de semillas sembradas. Si sembramos en abundancia, así también segaremos; si lo hacemos con escasez, entonces la cosecha será escasa.

¿En qué áreas de su vida cree que está sembrando poco en fe y, por lo tanto, no se evidencia abundancia espiritual?

_____

_____

_____

_____

_____

ENSEÑANZA N°2: *¿Cuándo debemos estar conformes?*

El conformismo es un lujo muy costoso. El ejemplo de Abraham nos es útil, pues no se permitió el lujo de conformarse. Nunca creyó que ya había alcanzado la estatura ideal. Cuando el ser humano se deja esclavizar por un falso sentimiento de satisfacción, sus posibilidades de crecimiento menguan y su utilidad para con Dios disminuye. Quien cree haber llegado a una meta ilusoria, deja de soñar, de desear y de anhelar nuevas cosas en Dios.

¿Podría describir como luce un cristiano conformista? ¿Cuáles serían sus palabras y su estilo de vida?

_____

_____

_____

_____

ENSEÑANZA N°3: *¿Hasta dónde crecemos?*

Es importante entender que el crecimiento o fortalecimiento de la fe es permanente. La meta es la perfección y la establece Dios mismo. En ese proceso, la regla es el crecimiento continuo. Ese es el deseo de Dios y debe ser el nuestro también. A la iglesia de la época bíblica se la llamó justamente la «del camino», porque estaba en un proceso continuo de avance hacia la meta. En esta batalla de fe, donde fuerzas contrarias atacan de continuo al ser humano, el que no crece, simplemente muere.

¿Podría mencionar en qué áreas de su vida espiritual ha crecido y en cuáles percibe que se ha estancado o ha decrecido?

ENSEÑANZA N°4: *¿Puedo decidir crecer por mí mismo?*

Fortalecerse en la fe no es meramente un deseo, es una decisión personal. Decídase a crecer cueste lo que cueste. Sin decisión se apaga la chispa de impulso que conduce a los grandes logros. La fe no es pasiva ni acomodadiza. Por el contrario, es dinámica, revolucionaria, visionaria y atrevida. La fuerza de la fe surge de una relación vital con Dios. La fe no es el recuerdo placentero de una grata experiencia del pasado. Es, más bien, el contacto cotidiano con el Señor que forma parte de una relación viva que reconoce la presencia, la voluntad y el poder de Dios en cada detalle de la vida.

¿Qué decisiones puede tomar para mantener viva su relación con el Señor y la búsqueda de Su voluntad en su vida?

ENSEÑANZA N°5: *¿Cuál es el secreto para crecer en la fe?*

Abraham se fortaleció en la fe dando gloria a Dios (Rom. 4:20). A medida que glorificamos a Dios al reconocer Su acción soberana tras cada cosa que nos ocurre, somos fortalecidos en fe. Descubrir el cuidado y el respaldo del Señor en cada detalle de nuestra vida fortalece la fe. Alcemos la mirada al firmamento y confesemos que Él es hacedor de todo lo creado y Señor de nuestras vidas. En Su mano sostiene todo el universo y en Él son y están todas las cosas (Col. 1:16). Es importante no permitir el plagio y la usurpación de la gloria de Dios. Nadie merece crédito por lo que solo Dios ha hecho.

Señale un par de oportunidades en la que ha visto el cuidado y el respaldo del Señor de manera evidente en su vida.

_____

_____

_____

_____

_____

ENSEÑANZA N°6: *¿Cómo dar gloria a Dios?*

Dar gloria a Dios es más que un cliché religioso que repetimos en la iglesia. Le daremos la gloria a Dios cuando comencemos a reconocer Sus obras en nuestras vidas. A menudo escuchamos a personas que atribuyen el salir airosas en algún asunto cotidiano a la suerte, la casualidad, la capacidad personal o a otras causas, sin percatarse de que Dios se ocupa de cada detalle en nuestra vida. Aquel que cuida el vestido de las flores y la dieta de los pajaritos está también al tanto de todo lo que sucede a nuestro alrededor (Luc. 12:6-7). Reconocer a Dios en cada aspecto de la vida nos permite crecer en la fe.

Escriba algunos de los pequeños detalles de su vida donde no reconoció la obra cuidadosa del Señor.

_____

_____

_____

_____

ENSEÑANZA N°7: *¿Por qué debemos dar gloria a Dios?*

Como lo vimos en el punto anterior, tenemos que aprender a dar gloria a Dios aun en los detalles más comunes y corrientes. Por ejemplo, es importante saber que el dinero que recibimos cada semana es provisión divina. De esta manera, cuando falte el empleo, podremos confiar en que aquel que nos sostuvo en tiempo de abundancia estará a nuestro lado y suplirá en tiempo difícil o de escasez. De la misma manera, glorificar a Dios cada mañana porque es el que hace salir el sol es un ejercicio que fortalece nuestra fe para el día malo. No honrarlo de esta manera es robarle gloria a Dios y socavar los cimientos de nuestra fe.

_____ *Escriba algunas*
_____ *experiencias negativas y*
_____ *otras positivas en su vida y*
_____ *dé gloria a Dios por ambas.*

ENSEÑANZA N°8: *¿Dependemos permanentemente del Señor?*

No dejemos de reconocer que de Él salió la chispa que puso en movimiento el universo y Él es la fuerza que lo sostiene (Heb. 11:3). El mundo no puede entenderse como un reloj al que un día Dios le colocó una batería y luego lo abandonó para que siguiera funcionando y se las arreglara como pudiera. Nada de eso es cierto. Él se mantiene atento a toda la maquinaria universal y garantiza su buen funcionamiento. Es la dínamo del que todos recibimos energía. Eso nos habla de que debemos depender de manera absoluta y consciente de Dios para glorificarlo, para proclamar continuamente Su grandeza y reconocer en profundidad que somos Sus criaturas.

_____ *¿Qué realidades del*
_____ *planeta Tierra nos hacen*
_____ *ver el gobierno de Dios?*
_____ *Glorifique a Dios por Su*
_____ *gobierno (Sal. 19)*

ENSEÑANZA N°9: *¿Debemos dar gloria a Dios para que la gente lo vea?*

Dar gloria a Dios no tiene nada que ver con el lamentable espectáculo religioso público de frases estereotipadas, con el cual algunos procuran impresionar a los demás, para atraer la atención hacia sí, creyendo que así adquieren alguna fama en cuanto a la fe. Se engañan a sí mismos, porque la auténtica alabanza siempre se dirige a Dios y no busca el reconocimiento de hombres ni mujeres, sino que procura dar gloria al único hacedor de maravillas. Dar gloria a Dios es algo que ocurre primeramente a puertas cerradas. Allí donde no hay testigos y no existe el deseo de impresionar a nadie.

¿Qué significa "Dar gloria a Dios ocurre primeramente a puertas cerradas"? ¿Cómo ejercitarmos el carácter para evitar la tentación de darnos gloria en vez de darle la gloria a Dios?

ENSEÑANZA N°10: *¿Se da gloria a Dios a cara descubierta?*

En efecto, se da gloria a Dios abandonando los hábitos o ropajes que impone la religión. Se da cuando dejamos la fachada o apariencia que procura proyectar el ser humano para su propio beneficio. No se glorifica a Dios imitando a otros ni tratando de fingir ser quienes no somos, sino presentándonos delante de Él tal cual somos y a título personal, sin imitar la voz ni el estilo de algún admirado profeta, abriendo el corazón en sincero reconocimiento de que sólo Jesucristo es digno de gloria y honra (2 Ped. 3:18).

Escriba con sus palabras una oración que glorifique a Dios, y evite los errores mencionados en esta enseñanza.

ENSEÑANZA N°11: *¿Debemos demostrar siempre alegría?*

Como acabamos de ver, el comportamiento religioso a veces nos impone el uso de una insólita máscara. La verdad es que en la iglesia del Señor hay también lugar para los que están tristes (Sal. 79:8). Dios no espera una sonrisa del que atraviesa momentos de dolor, sino una oración sincera. En la iglesia hay lugar tanto para el que está alegre como para el que está afligido. Aquí no se aplica el principio de desconocer la realidad negativa, sino el de afrontarla sabiendo que en Cristo hay solución y consuelo (2 Cor. 1:3-5).

Recuerde un par de personas que estén pasando por situaciones de dolor en la iglesia y propóngase acompañarlas en oración.

ENSEÑANZA N°12: *¿Se puede estar triste y a la vez esperanzado?*

En 1 Tesalonicenses, el apóstol Pablo hace una convincente aclaración respecto a los que tenían seres queridos que habían muerto: «Tampoco queremos, hermanos, que ignoréis acerca de los que duermen, para que no os entristezcáis como los otros que no tienen esperanza» (1 Tes. 4:13). El apóstol no intenta evitar que se entristezcan, sino que lo hagan de manera distinta a los demás. Esa diferencia de la que habla Pablo es producida por algo que él llama esperanza. La falta de esperanza es producto de la ignorancia en que vive el mundo. El ser humano sin Dios ignora las promesas, la providencia y la soberanía de Dios y por lo tanto, está perdido y no cuenta más que consigo mismo para enfrentar los avatares de la vida. Por el contrario, el cristiano que conoce al Señor «espera» en Él y descansa en Su protección y poder.

¿Cómo experimentaba la tristeza y la pérdida antes de conocer a Cristo y ahora que conoce al Señor?

ENSEÑANZA N°13: *¿Es la esperanza una clase de fe?*

El hombre que desconoce que Dios tiene todo el universo en Sus manos, no tiene esperanza. Por eso no puede glorificar a Dios cuando le ocurre algo negativo. Sin embargo, el que entiende la soberanía divina, alaba a Dios en todo tiempo, aun cuando experimenta tristeza. Crece en la fe al comprender que la mano de Dios, aunque invisible en ocasiones, no se aleja ni se debilita. La fortaleza de nuestra fe no consiste en tratar de convencer a Dios para que haga algo. Es más bien alabarlo por lo que Él hace y ya ha hecho en nuestras vidas (Heb 11:6).

¿Qué aspectos de su vida requieren una fe esperanzada que confía en el Señor a pesar de las dificultades?

_____
_____
_____
_____
_____

El hombre que no sabe que Dios tiene todo el universo en Sus manos, no tiene esperanza.

AFIRMEMOS LA ENSEÑANZA PRINCIPAL

El proceso de crecimiento de la fe requiere de suma atención y cuidado. Podríamos decir, siguiendo la ilustración del huerto, que la pureza de la fe determina la calidad de sus productos. A mayor calidad, mayor eficacia.

A menudo escuchamos a personas que atribuyen a la suerte, la casualidad, la capacidad personal o a otras causas el salir airosas en algún asunto cotidiano. No se han percatado de que Dios se ocupa de cada detalle de nuestras vidas. Aquel que cuida el vestido de las flores y la dieta de los pajaritos está también al tanto de todo lo que sucede a nuestro alrededor. No reconocer a Dios en estas pequeñeces podría parecer cosa insignificante, pero ver al Señor en cada aspecto de la vida nos permite crecer en la fe para el momento en que haga falta ejercerla.

La fortaleza de nuestra fe no consiste en tratar de convencer a Dios de que haga algo, sino más bien en alabarlo por lo que hace y ya ha hecho en nuestras vidas.

EJERCICIO BÍBLICO

Reflexione y luego reproduzca con sus propias palabras el siguiente versículo: «Mas la senda de los justos es como la luz de la aurora, que va en aumento hasta que el día es perfecto» (Prov. 4:18).

_____

_____

_____

_____

RESUMEN DE LA LECCIÓN

☐ Es importante preguntar cuánto fruto deseamos y de qué calidad. La expectativa de cosecha es directamente proporcional a la inversión que hagamos.

☐ El ejemplo de Abraham es útil para ir descubriendo secretos de fe que contribuyan al desarrollo de una vida abundante.

☐ Es importante entender que el crecimiento o fortalecimiento de la fe es permanente.

☐ Fortalecerse en la fe, más allá de un deseo, es una decisión. Decídase a crecer cueste lo que cueste.

☐ Cuando glorificamos a Dios reconociendo Su acción voluntaria en cada cosa que nos ocurre, somos fortalecidos en la fe.

☐ Para dar gloria a Dios hace falta algo más que palabras. Comencemos por reconocer Sus obras.

☐ Demos gloria a Dios aun en los detalles más comunes y corrientes.

☐ Dar gloria a Dios no tiene nada que ver con el lamentable espectáculo religioso público de frases estereotipadas, con el cual algunos procuran impresionar a los demás.

☐ Dios no espera una sonrisa del que atraviesa momentos de dolor, sino una sincera oración.

☐ La fortaleza de nuestra fe es alabar a Dios por lo que Él hace y ha hecho.

APLICACIÓN

De lo tratado en la lección, escriba un breve párrafo o frase sobre algo que para usted es particularmente importante y no debe olvidar:

_____

_____

_____

_____

PARA COMPARTIR EN GRUPO

Anote aquí una experiencia personal relacionada con el tema principal de la lección *Fortalecidos en la Fe* y las lecciones que pudo aprender de los testimonios de sus otros compañeros:

_____

_____

_____

_____

Lección 4

LA DEPENDENCIA
del PODER *de* DIOS

AFIRMACIÓN BÍBLICA PARA MEMORIZAR:
Plenamente convencido de que era también poderoso
para hacer todo lo que había prometido.

Romanos 4:21

DINÁMICA DE MOTIVACIÓN

Pregunta para la discusión grupal: ¿Con qué herramientas el hombre puede vencer lo imposible? Por ejemplo: (1) levantar una roca de 100 kilos; (2) remontar las alturas como un ave; (3) atravesar una pared de concreto; (4) avanzar sobre el mar o pasar horas en las profundidades del océano.

> *(1) un Caterpillar;*
> *(2) un avión;*
> *(3) un taladro;*
> *(4) un barco y un submarino.*

Clave: Ninguna de esas cosas se logran solo con pensamiento positivo, sino con una fuerza superior a la humana.

PROPÓSITO DE LA LECCIÓN

Ahora aprenderemos que tener fe en la misma fe carece de sustancia.

Cuando en la ecuación que define nuestra fe no aparece Dios, el hombre se convierte en un idólatra de la fe. De manera que esta no radica en la capacidad del hombre, sino en la de Dios.

Observe con atención los siguientes aspectos que se analizarán en la presente lección:

Fe en la fe es tener fe sin sustancia
La fe verdadera complace a Dios
La fe es reconocer que hay opciones que están
   fuera de este mundo
Si Elías pudo, usted también si tiene el mismo Dios
La fe que agrada a Dios

INTRODUCCIÓN

Hasta el momento, hemos tratado tres aspectos de la fe de Abraham: La fe guerrera, la fe que no se debilita y la fe que crece o se fortalece. Ahora consideraremos la fe que depende del poder de Dios.

La fe está de moda. Pareciera que todo el mundo habla de fe y que, de acuerdo a su punto de vista, sabe qué es y cómo funciona la fe. Unos identifican la fe con algún tipo de pensamiento positivo, otros con una correcta autoestima personal y aun otros con cierto grado de misticismo religioso. Analicemos cómo se entiende desde la verdad de la Palabra de Dios.

LECTURAS

Busque en la Biblia, lea y medite sobre el tema siguiendo las ideas expuestas en esta cadena bíblica:

Romanos 4:21
2 Corintios 10:3

ENSEÑANZAS PARA LEER Y DISCUTIR EN GRUPO

ENSEÑANZA N°1: *¿Depende la fe del poder de Dios?*

En nuestra época, la fe está de moda. Pareciera que todo el mundo habla de fe y que, de acuerdo a su punto de vista, sabe qué es y cómo funciona. Unos identifican la fe con algún tipo de pensamiento positivo, otros con una correcta autoestima personal y aun otros con cierto grado de misticismo religioso. Sin embargo, debemos considerar que la fe depende del poder de Dios. Por ejemplo, Abraham estaba plenamente convencido de que Dios era también poderoso para hacer todo lo que había prometido. Su fe no dependía del pensamiento positivo en cuanto a la paternidad, ni tampoco de creer que lo merecía todo porque era el gran Abraham, y menos de que su piedad lo hacía merecedor de una recompensa. Su fe dependía completa y exclusivamente del poder de Dios.

_____

_____

_____

_____

_____

¿Alguna vez ha caído en la trampa de tener una fe falsa como las que hemos comentado? ¿Conoce otras formas de fe falsa?

ENSEÑANZA N°2: *¿Hacia dónde debe apuntar la fe?*

Tener fe en la fe es como tener una fe sin sustancia. Claro está que una actitud de fe puede producir ciertos pensamientos positivos, puede ayudar a fortalecer la autoestima y, de seguro, generará ciertas experiencias que algunos calificarán de místicas o muy espirituales. Todo lo anterior es justamente fe sin sustancia y por eso es importante que en el proceso de entender la fe no olvidemos que la fe en la fe misma carece de valor. Cuando en la ecuación que define nuestra fe no aparece Dios en primer lugar, el ser humano se convierte en un idólatra de la fe. La fe verdadera viene de Dios y va hacia Dios. Una manera saludable de examinarla es preguntar hacia dónde apunta. La fe, cuando es auténtica, procura la gloria de Dios y no la mera satisfacción de un capricho humano.

_____

_____

_____

_____

_____

Escriba una oración con sus propias palabras donde se compromete a reconocer que su fe siempre apuntará hacia el Señor.

ENSEÑANZA N°3: *¿Complace la fe a Dios?*

No hay duda de que tanto Sara como Abraham deseaban tener un hijo. ¿Pero la historia bíblica se refiere simplemente a la satisfacción de los deseos de esta pareja? La verdadera fe no se nos da solo para complacer el interés humano, sino para cumplir el deseo que nace en el corazón de Dios. La fe es una fuerza arrolladora, pero solo puede ejercerse con propiedad cuando se fundamenta en el «así dice Dios». Los intentos de Abraham por lograr el cumplimiento de la promesa divina con recursos terrenales y humanos no lograron más que distanciarlo del plan original y complicar su vida. Sus esfuerzos carnales trajeron tensiones entre él y su esposa, además de un hijo fuera del matrimonio (puede leer la historia en Gén.16).

¿Podría contar las dificultades que ha tenido cuando ha intentado hacer las cosas sin considerar la voz de Dios?   _____
_____
_____
_____

ENSEÑANZA N°4: *¿Adónde acudir para buscar solución a los problemas?*

Cuando el hombre no cristiano tiene problemas económicos, acude al banquero o prestamista; cuando tiene problemas de salud, va al médico; cuando sus problemas son emocionales, busca ayuda en un psicólogo; y cuando ninguno de estos puede calmar su ansiedad, acude al psiquiatra. El hijo de Dios tiene todas estas opciones, pero también tiene opciones superiores que no son de este mundo. El cristiano afronta los mismos problemas que todos los demás mortales, pero también cuenta con recursos que los demás no tienen. El apóstol Pablo lo ilustró de esta forma: «Aunque andamos en la carne, no militamos según la carne» (2 Cor. 10:3).

¿Cuáles serían aquellas opciones superiores que tienen los cristianos al momento de enfrentar sus problemas?   _____
_____
_____
_____

ENSEÑANZA N°5: *¿La oración de fe puede hacer que ocurran milagros?*

Si Elías pudo ver a Dios obrar, usted también podrá ver al Señor hacer maravillas. Consideremos el caso de este profeta: Elías era un hombre sujeto a limitaciones y presiones como las de cualquier otro, pero oró para que no lloviera y el cielo cerró el suministro por espacio de tres años y medio. Luego volvió a orar para que lloviera y la respuesta no se hizo esperar: hubo abundante agua conforme a la oración del hombre de Dios (1 Rey. 17-18). De él aprendemos que la fe no obra a través de la capacidad del hombre, sino del poder de Dios.

_____
_____
_____
_____

Después de leer la historia de Elías, ¿podría decir qué lugar ocupa el Señor en la fe de Elías?

ENSEÑANZA N°6: *¿En qué consiste la fe que agrada a Dios?*

La fe que agrada a Dios depende por completo de Su poder y no del ingenio humano. No consiste en otra cosa más que en creer que Él puede hacer todo lo que dice que puede hacer y que hará todo lo que dice que hará. Esto incluye que también debemos creer que somos todo lo que Él dice que somos y que podemos hacer todo lo que Él dice que podemos hacer.

_____
_____
_____
_____

¿Podría encontrar en la Biblia algunas cosas que somos y que Él dice que podemos hacer en Él?

ENSEÑANZA N°7: *¿Puede Dios liberarme ahora mismo de un vicio de drogas?*

Cristo lo ama y desea y puede liberarlo ahora mismo del vicio de las drogas y de cualquier otro vicio. Pero esto depende más de usted que de Él. Usted debe tener el deseo y debe creer en Jesucristo, poniendo en Él su fe y confianza. Si así lo hace, Cristo, que tiene el poder de liberarlo, no tardará en regalarle el milagro de la liberación que tanto ansia.

Haga una oración personal ———————————————
pidiendo la liberación ———————————————
sobre el área de su vida en ———————————————
la que está esclavizado. ———————————————

El creyente afronta los mismos problemas que todos, pero cuenta con recursos que no tienen los demás.

AFIRMEMOS LA ENSEÑANZA PRINCIPAL

Hace unos años tuve un sueño que me hizo comprender con mayor claridad estas ideas que estoy presentando. En el sueño me encontraba predicando. Mientras ministraba, el Espíritu de Dios me hacía conocer los corazones y comprender quién era creyente y quién no lo era. Oí la voz del Señor que me decía: «¿Ves a estos?» Y señalaba a los que no eran creyentes. «Tienen problemas», me decía. «Y estos otros, los convertidos, también los tienen. ¿Ves a estos, los inconversos? Tienen problemas económicos. Y estos otros, los creyentes, también…» Así continuó mencionando necesidades que eran comunes a los hijos de Dios y a los inconversos.

Después de un rato, me animé a preguntarle: «Entonces, ¿cuál es la diferencia?» Refiriéndose a los creyentes, me dijo con voz firme y amorosa: «Que estos me tienen a mí en medio de sus luchas». El principio es claro: El creyente afronta los mismos problemas que todos, pero cuenta con recursos que no tienen los demás.

EJERCICIO BÍBLICO

Reflexione y luego reproduzca con sus propias palabras el siguiente versículo: «Pues aunque andamos en la carne, no militamos según la carne» (2 Cor. 10:3).

———————————————————————————————

———————————————————————————————

———————————————————————————————

RESUMEN DE LA LECCIÓN

☐ En el proceso de entender la fe, no olvidemos que la fe en sí misma carece de sustancia.

☐ La fe es una fuerza arrolladora, pero solo puede ejercerse con propiedad cuando se fundamenta en el «así dice Dios».

☐ El hijo de Dios tiene acceso a todas las opciones, pero además tiene opciones que no son de este mundo.

☐ El creyente afronta los mismos problemas que todos los demás seres humanos, pero cuenta con recursos que no tienen los otros.

☐ La fe no obra según la capacidad del hombre, sino según el poder de Dios.

☐ La fe que agrada a Dios depende por completo de Su poder y no del ingenio humano.

APLICACIÓN

De lo tratado en la lección, escriba un breve párrafo o frase sobre algo que para usted es particularmente importante y no debe olvidar:

_____

_____

_____

_____

PARA COMPARTIR EN GRUPO

Anote aquí una experiencia personal relacionada con el tema *La dependencia del poder de Dios* y las lecciones que pudo aprender de los testimonios de sus otros compañeros:

_____

_____

_____

_____

Segunda Parte

LA FE *que* AGRADA *a* DIOS

Lección 5

LA FE *es* CONFIANZA

DINÁMICA DE MOTIVACIÓN

Pregunta para la discusión grupal: Cuando mencionamos a Jesús, ¿qué es lo primero que viene a nuestra mente? ¿Cómo lo visualizamos?

PROPÓSITO DE LA LECCIÓN

En esta lección aprenderemos que algunas definiciones confusas acerca de la fe la convierten en obstáculo en vez de bendición. Por el contrario, la fe es un producto espiritual hecho en el cielo que no es complicado sino sencillo. La fe es básicamente confianza en Dios que nos hace estar de acuerdo con todo lo que Él declara con veracidad y fidelidad.

Observe con atención los siguientes aspectos que se analizarán en la lección:

La fe no es un mero producto intelectual
La fe no es un mero producto emocional
La fe es un producto espiritual
La fe nos acerca a Dios
La fe es creer que Dios existe y está presente

El universo no es un accidente
Dios es galardonador de los que lo buscan
Las imágenes son poderosas

INTRODUCCIÓN

El pasaje de Hebreos 11:6 parece evocar las palabras de Habacuc 2:4: «Mas el justo por su fe vivirá». Ese principio quedó demostrado, por ejemplo, en la vida de Enoc, que vivió por fe y tuvo como testimonio el haber agradado a Dios.

Durante la primera parte de este libro, mencionamos cuatro características de la fe de Abraham. En esta segunda parte, presentaremos otros aspectos que son ejemplos de fe.

LECTURAS

Busque en la Biblia, lea y medite sobre el tema siguiendo las ideas expuestas en esta cadena bíblica:

Hebreos 11:6
Habacuc 2:4
Salmo 95:1
Salmo 19:1

ENSEÑANZAS PARA LEER Y DISCUTIR EN GRUPO

ENSEÑANZA N°1: *¿Es la fe un mero producto intelectual?*

Definitivamente, no. Si creemos que la fe se produce concentrando el pensamiento nos alejamos de la realidad bíblica de la fe. Cuando una persona convence a su intelecto de que algo que no existe, en realidad sí existe y lo ve, no podemos decir que esto es fe, sino alucinación. En este caso, ha confundido la fe con el «mentalismo» y necesita un psiquiatra con urgencia. Eso no es fe.

_____
_____
_____
_____

¿Por qué mentalizar un deseo o un anhelo no es fe? ¿Cómo entonces uso mi mente en el proceso de fe?

ENSEÑANZA N°2: *¿Es la fe un mero producto emocional?*

Algunos confunden la fe con un mero producto emocional. Creen que si cargan la oración con emociones, eso producirá la fe necesaria para que salgan los demonios o se sanen los enfermos. Sé que la experiencia de fe es emocionante. Con todo, si la fe fuera un producto emocional, ninguna madre enterraría a un hijo muerto, porque la extraordinaria fe que generaría ese ser tan hermosamente emocional llamado madre lo resucitaría al instante.

Las emociones son secundarias en la fe, pero no se descartan. Entonces, ¿cuál sería el lugar de mis emociones en todo el proceso de la fe?

ENSEÑANZA N°3: *¿Qué es entonces la fe?*

La fe es un producto espiritual creado en el cielo y, por lo tanto, no es humana. La fe no es complicada. La Biblia dice que sin fe es imposible agradar a Dios, porque la fe es confianza. Si lo quisiéramos resumir en una sola frase, podríamos decir: La fe es confiar en que Dios es todo lo que ha dicho que es, que puede hacer todo lo que ha declarado que puede hacer y que cumplirá todo lo que ha prometido.

Copie nuevamente la frase y procure memorizarla separando sus partes, y busque ejemplos para cada una de ellas.

ENSEÑANZA N°4: *¿Cómo saber si tengo fe?*

Note que la fe no señala hacia el hombre, sino hacia Dios. Tener fe es estar de acuerdo con Él en todo lo que declara. La falta de fe desagrada a Dios porque es desconfiar de lo que Él es y promete. Así que la próxima vez que hable de su fe, piense si la tiene o no antes de contestar. Recuerde que su respuesta refleja si confía en que aquello que Dios dice de sí mismo y promete es verdad. Eso no solo lo define a usted, sino que también define la imagen que lleva de Dios en su corazón.

> *Cuando usted dice que confía en Dios y en Sus promesas, ¿qué atributos de Dios está reconociendo que lo hacen confiar en el Señor?*

ENSEÑANZA N°5: *¿La fe nos acerca a Dios?*

Sepa que la fe es también un asunto de distancia, porque determina cuán cerca o lejos estamos de Dios. Hebreos 11:6 dice con claridad que «… es necesario que el que se acerca a Dios crea que le hay…». Este pasaje nos enseña que se requiere tener fe para estar cerca de Él. O dicho de otra manera, la fe nos acerca a Dios. Y esto es evidente porque en toda relación, la confianza es un elemento esencial. No importa si se trata de un matrimonio o de una relación de amigos. Nuestro grado de confianza establece hasta dónde podemos llegar en la relación. Por eso es evidente que se trata de un asunto de distancia, porque primero nos acercamos a Dios y luego ministramos ante Su presencia. Esa cercanía no podría ser real sin que medie el elemento de la fe.

> *No se puede tener confianza en alguien que no se conoce. ¿Cómo evaluaría su conocimiento de Dios?*

ENSEÑANZA N°6: *¿Es la fe algo complicado de entender?*

A medida que avanzamos en el estudio de la fe, estoy tratando de que en usted ocurran dos cosas. La primera es que comprenda que la fe no es complicada ni distante, sino sencilla y alcanzable. La segunda es que tome conciencia de cuán indispensable es para su vida. Hay dos cosas que necesita el que se acerca a Dios y pienso que ninguna de ellas le resultará difícil. La primera es que «crea que le hay» y la segunda es que crea que «es galardonador de los que le buscan». La primera habla de Su existencia y la segunda, de Su carácter.

De todos estos puntos men-
cionados, ¿cuáles son aquellos
que debe trabajar más?
                    —————————
                    —————————
                    —————————

ENSEÑANZA N°7: *¿Fe es creer que Dios existe?*

Sería un sinsentido acercarnos a Dios si no creemos en Su existencia. La seguridad de Su existencia es fundamental para que haya una relación. Recuerdo a un borracho maldiciente al que un día mi tía Aida le preguntó: «¿Por qué maldice a Dios si Él solo nos hace bien?». A lo que el borracho contestó: «Porque no creo en Él». Esa sí que fue una interesante respuesta. Desde entonces, me he preguntado si tiene algún sentido maldecir lo que no existe. También me pregunto por qué razón los ateos viven peleando contra un Dios en el que no creen.

ENSEÑANZA N°8: *¿Es cierto que lo primero fue una gran explosión?*

Para creer que primero era la nada y que después se produjo una explosión hay que tener más «fe» que para creer que primero era Dios y que Él creó todo de la nada. Creer que Dios existe no requiere tanta fe porque es un asunto lógico. No en vano dicen las Escrituras: «Los cielos cuentan la gloria de Dios, y el firmamento anuncia la obra de sus manos» (Sal. 19:1). La mano de Dios se hace palpable en todo lugar.

ENSEÑANZA N°9: *¿Es el universo una creación accidental?*

Aceptar la idea de que un universo tan complejo y preciso en sus detalles, que el cuerpo humano en su perfección o también que el equilibrio ecológico del planeta fueron un producto espontáneo y accidental es menos científico o probable que pensar que un tornado que pasa por una ferretería, termina dejando casas perfectamente construidas en lugar de caos y destrucción. Aceptar que este universo se creó solo es como creer que un hermoso cuadro en el museo no tiene autor.

¿Está seguro de la existencia de Dios? ¿Tiene dudas ? ¿Cómo puede ayudar a aquellos que tienen dudas?

ENSEÑANZA N°10: *¿Podrá algo o alguien impedir que la fe se active en la conquista de bendiciones a nuestro favor?*

De ninguna manera. Insisto en que tener fe no es algo difícil; lo complicado es no tenerla. Para acercarse a Dios se requiere «creer que le hay», y usted deberá estar convencido de esto. Para alguien que cree, el milagro requerido por mucho tiempo está más cerca y accesible que nunca. Está a la distancia de un paso de fe.

ENSEÑANZA N°11: *¿Cómo es Dios?*

Crea que Dios es «galardonador de los que le buscan». Esto describe el carácter de Dios y es muy importante en lo que respecta a su relación con Él. Su percepción del carácter de Dios, determinará el tipo de relación que tendrá con Él. Hay diversos elementos que inciden en la formación de esa imagen divina en la persona, como la cultura, la religión y el hogar. Estos son factores muy influyentes en el desarrollo de esa visión de Dios que se va formando en el hombre. Así es que hay dos cosas muy importantes que deben ocurrir en la vida de una persona: La primera es cultivar una imagen interior adecuada de Dios y la segunda es destruir una imagen indebida.

No basta con saber que Dios existe; hay que saber que Él es galardonador.

ENSEÑANZA N°12: *¿Son poderosas las imágenes de nuestra mente?*

Todos pensamos en imágenes y no solo en palabras. Si le digo «perro», usted visualiza un perro y cada lector visualizará uno diferente. Si quiero que usted visualice uno similar al mío, tendré que darle más detalles. De otro modo, visualizará su perro favorito o el más odiado. También podría visualizar el perro más temido. Como se habrá dado cuenta, la experiencia personal determinará la imagen que llegará a su mente. Esto mismo ocurre en nuestra relación con Dios y en cómo lo visualizamos. Por eso, como Dios sabe cuántas imágenes distorsionadas puede haber, nos aclara que en lo que respecta a la fe debemos tener una imagen nítida que surja de Su propia Palabra.

ENSEÑANZA N°13: *¿Es nuestro Señor un Dios castigador?*

Evitemos que nuestra relación con Dios se empobrezca por una imagen distorsionada de Él. A quienes recibieron la imagen de un Dios castigador les resulta difícil acercarse a Él porque le temen al castigo. Si les enseñaron sobre el amor de Dios, les resultará más fácil acercarse a Él y mostrarle amor. En Hebreos 11:6 se nos dice con claridad qué aspecto del carácter de Dios estimula nuestra fe: Dios es «galardonador de los que le buscan».

ENSEÑANZA N°14: *¿Es nuestro Señor un Dios de recompensas?*

Nuestro Señor galardonador presta atención a las cosas que hacemos y que son de Su agrado para felicitarnos por ellas. Dios ha llegado a su vida con la intención de galardonarlo. De niño escuché un coro que decía: «Cada paso que das por la senda del mal, hay un Dios que te ve». Esa alabanza tocó mi conciencia. Si bien es cierto que hizo que me alejara de ciertas cosas por temor a que Dios me viera, también me alejó de Él al visualizarlo atento a cada error que yo cometía.

¿Cuáles son las imágenes
que usted tenía de Dios y
cuáles son las que ha ido

_____   *adquiriendo al conocer*
_____   *más al Señor en Su*
_____   *Palabra?*

AFIRMEMOS LA ENSEÑANZA PRINCIPAL

Para acercarse a Dios se requiere creer que Él existe y también que es galardonador de los que lo buscan. Por eso es necesario cultivar una imagen interior de Dios adecuada y destruir toda noción indebida. El Señor es un Dios de recompensas y ha llegado a su vida con la intención de instruirlo y hacerlo crecer para que haga obras dignas de ser galardonadas por Él mismo.

EJERCICIO BÍBLICO

Reflexione y luego reproduzca con sus propias palabras el siguiente versículo: «Los cielos cuentan la gloria de Dios, y el firmamento anuncia la obra de sus manos» (Sal. 19:1).

_____

_____

_____

_____

RESUMEN DE LA LECCIÓN

☐ Se nos ha dado la fe como una llave para abrir puertas de bendición. Algunas definiciones confusas la convierten en obstáculo.

☐ Cuando una persona convence a su intelecto de que algo que no existe, en realidad sí existe y lo ve, no podemos decir que esto es fe, sino alucinación. Otros confunden la fe con un producto emocional.

☐ Sin fe es imposible agradar a Dios. Esto es así porque la fe es confianza.

☐ La fe es confiar en que Dios es todo lo que ha dicho que es.

☐ La fe no señala hacia el hombre, sino hacia Dios. Tener fe es estar de acuerdo con Él en todo lo que declara.

☐ La falta de fe desagrada a Dios porque es desconfianza.

☐ La fe determina cuán cerca o lejos estoy de Dios.

☐ La fe no es complicada, sino sencilla y alcanzable.

☐ Acercarse a Dios no tiene ningún sentido si uno no cree en Su existencia. Esto es fundamental para que haya relación con Él.

☐ Creer que hay Dios no requiere tanta fe porque es un asunto lógico. No en vano dicen las Escrituras: «Los cielos cuentan la gloria de Dios, y el firmamento anuncia la obra de sus manos» (Sal. 19:1). La mano de Dios se hace palpable en todas partes.

☐ Debemos creer que Dios es galardonador de los que lo buscan. Este requisito describe el carácter de Dios. Esto es muy importante en lo que respecta a la relación con Dios.

☐ Todos pensamos en imágenes y no en palabras. Si digo «perro», cada lector ve un perro diferente. La experiencia personal determina la imagen que llegará a la mente. A quienes recibieron la imagen de un Dios castigador les resulta difícil acercarse a Él, por temor a que los castigue.

☐ El Señor personalmente se ha encargado de decirnos cómo desea que lo veamos. Debemos ver hoy a Jesucristo como el galardonador. No caben dudas de que Dios tiene hoy una bendición especial para usted.

APLICACIÓN

De lo tratado en la lección, escriba un breve párrafo o frase sobre algo que para usted es particularmente importante y no debe olvidar:

_____

_____

_____

_____

PARA COMPARTIR EN GRUPO

Anote aquí una experiencia personal relacionada con el tema principal de la lección *La fe es confianza* y también las lecciones que pudo aprender de los testimonios de sus otros compañeros:

_____

_____

_____

_____

Lección 6

LA FE VIENE *por el* OÍR

AFIRMACIÓN BÍBLICA PARA MEMORIZAR:
Así que la fe es por el oír, y el oír, por la palabra de Dios.

Romanos 10:17

DINÁMICA DE MOTIVACIÓN

Enunciado para la discusión grupal: La mayoría de los cristianos tiende a quejarse porque no tiene suficiente fe.

1. Cuente su experiencia de cuando se sintió así.
2. ¿Cómo ayudar a una persona que piensa que no tiene fe?

PROPÓSITO DE LA LECCIÓN

En esta lección aprenderemos que nadie nace con fe. Los héroes de la fe alguna vez vivieron sin ella. Eso significa que no somos especiales si decimos que no tenemos fe, pero para tenerla debemos exponernos a la Palabra de Dios.

Observe con atención los siguientes aspectos que se analizarán en la lección:

Nadie nace creyendo
El poder del mensaje de Cristo
La fe es por la Palabra
Genética espiritual

INTRODUCCIÓN

En 1983 me encontraba predicando en Huaraz, una pintoresca ciudad en las montañas peruanas, cuando una niña de unos doce años quiso hacerme una consulta personal. Su comentario me ha acompañado desde entonces: «Usted explicó ayer lo indispensable de la fe para ver la manifestación del Señor en nuestra vida. Entonces yo no recibiré nada del Señor porque precisamente mi problema es que no tengo fe».

He vuelto a escuchar esa declaración en muchos países que he visitado: «Mi problema es que no tengo fe». En esta lección, trataré de demostrar que la falta de fe no es un problema insuperable, sino que tiene solución.

LECTURAS

Busque en la Biblia, lea y medite sobre el tema siguiendo las ideas expuestas en esta cadena bíblica:

Romanos 10:17

Hechos 8:4

Mateo 24:35

Juan 14

ENSEÑANZAS PARA LEER Y DISCUTIR EN GRUPO

ENSEÑANZA N°1: *«Mi problema es que no tengo fe»*

Nos liberamos de la gran angustia de sentirnos sin fe cuando entendemos y aceptamos que nadie nace con fe. Los héroes de la fe alguna vez vivieron sin ella. Abraham, Pedro, Pablo, Elías y todos los demás vivieron sin fe en alguna época de sus vidas. Dicho esto, le tengo que dar una mala noticia: Usted no es nada especial, sino que es una persona tan común y corriente como los demás héroes de la fe. Pero la buena noticia es que sí puede llegar a tener tanta fe como ellos o más.

ENSEÑANZA N°2: *¿La fe viene por el oír la palabra de Dios?*

El énfasis del versículo de Romanos 10:17 está en la predicación, pero cabe recordar que la predicación no es responsabilidad exclusiva de los pastores. Tampoco es la predicación desde un púlpito la única forma en que Dios salva a una persona. La Palabra no necesariamente tiene que venir de un clérigo ni de una predicación formal. Pero sí es indispensable que de alguna forma el mensaje de Cristo sea comunicado a la persona para que reciba la salvación.

¿Recuerda el momento de su conversión? Describa quién le predicó la palabra de Dios para salvación.

_____
_____
_____
_____

ENSEÑANZA N°3: *¿De dónde viene la fe?*

Quien no tiene fe puede llegar a tenerla, porque la fe nace en el corazón cuando viene de Dios. La fe tiene un origen divino. Su realidad personal puede cambiar radicalmente con solo aceptar que puede creer. Lo primero que creemos es que Dios está comprometido con todo lo que dice. Él respalda con Su eterno Ser y poder cada palabra que sale de Su boca. Algunos pueden dudar de lo que dice Dios, pero yo aclaro, sin embargo, que sigue vigente lo proclamado por Jesús: «El cielo y la tierra pasarán, pero mis palabras no pasarán» (Mat. 24:35).

ENSEÑANZA N°4: *¿La fe es por la Palabra?*

La fe no es un producto humano ni terrenal. Es divina y de fabricación celestial. No tenerla es un asunto cuya solución le pertenece a Dios. La única manera de solucionar la falta de fe es exponerse a la Palabra divina. Hay un poder sobrenatural que impregna el ambiente cuando se predica el mensaje de Cristo. A Dios le pareció bien salvar al hombre mediante la predicación y eso la convierte en algo diferente de cualquier discurso que pueda oírse.

ENSEÑANZA N°5: *¿Debo creer en la predicación?*

Creo en la predicación y por eso soy evangelista. En todo lugar en donde se proclama el mensaje divino ocurren cosas ajenas al control o a la manipulación del orador. La exposición a ese ambiente tiene un maravilloso efecto en el interior del individuo. No siempre la persona es consciente de lo que Dios hace a través de Su Palabra, pero sin duda, se producen cambios profundos. El principio de que la Palabra no vuelve vacía no tiene excepción alguna.

_____

_____

_____

_____

_____

_____

¿Recuerda cuál fue el mensaje que se predicó durante su conversión? ¿Qué pasajes de la Palabra han producido un gran cambio en su corazón?

ENSEÑANZA N°6: *¿Cómo ocurren los milagros?*

Es posible que alguien reciba un milagro sin darse cuenta. Recuerdo un caso en la República Dominicana en que un padre oraba por su hijo enfermo. Cuando terminamos la ministración, celebraba con gozo la sanidad de su hijo. De repente, él mismo reaccionó alarmado al descubrir que veía a la perfección con el ojo donde había tenido una nube. No se dio cuenta en qué momento de la oración se sanó, pero el efecto de la presencia divina fue poderoso.

ENSEÑANZA N°7: *¿Debo creer en toda predicación?*

Si la fe viene como resultado de oír el mensaje del evangelio, lo más sanador para el que sufre de debilidad en la fe es oír la Palabra de Dios. A mayor exposición, mayor efecto. La fe es el producto de exponerme al mensaje de Cristo; por lo tanto, no temo decir que debemos ser selectivos y cuidadosos con el tipo de mensaje que recibimos. Si la palabra que recibimos es ajena al evangelio y solo está cargada de dudas y enfoques negativos en cuanto a la vida, definitivamente tendrá un efecto nocivo en nuestra fe.

ENSEÑANZA N°8: *¿Existe una genética espiritual?*

Pienso que hay tal cosa como una transmisión genética espiritual. Lo que quiero decir es que cada cual engendra hijos espirituales según su especie. Los hijos de un predicador con un fuerte énfasis en milagros verán milagros. Esto podría observarse también cuando el ministerio hace énfasis en liberación o en el estudio de la Palabra. De la misma manera, cuando el pueblo se expone a la influencia negativa de un énfasis desequilibrado, puede degenerar en graves enfermedades espirituales, y estas pueden llegar a ser peores en los hijos que en los padres.

¿Podría describir en una frase cuáles son los elementos que fortalecen la fe aprendidos hasta ahora y qué debemos evitar para no debilitarnos en fe?

_____

_____

_____

_____

_____

_____

ENSEÑANZA N°9: *¿Es determinante lo que uno oye?*

Las palabras determinan la vida que vivimos. Lo que el hombre oye afecta su forma de pensar, porque el cerebro es semejante a una computadora programable. Lo que piensa afecta su conducta, porque la mente es el centro de mando que la gobierna. Aun nuestras emociones son producto de lo que pensamos o creemos. Y como nuestra conducta no puede estar divorciada por mucho tiempo de lo que somos, llega a afectar todo nuestro ser. Una sana actitud de fe comienza prestando atención a lo que quiere decirnos Dios en Su Palabra.

ENSEÑANZA N°10: *¿Puede influir en mí el medio ambiente?*

Si una persona se encuentra mucho tiempo en un trabajo donde su jefe la obliga a mentir, es probable que se convierta en mentirosa. Una persona que ama a un delincuente y termina delinquiendo, llega a pensar, sentir y vivir como el delincuente. De modo que, en verdad, el medio sí influye profundamente en lo que somos o llegamos a ser. Claro está que en la guerra contra el medio podemos tener victorias, pero para lograrlas tenemos que pelear y no simplemente someternos. La guerra puede pelearse con diversas estrategias, pero puntualizo que si alguien no tiene fe podrá llegar a tenerla en la medida que oiga la Palabra de Cristo.

_____ *¿Cuáles son las batallas que*
_____ *tiene contra la influencia*
_____ *negativa del medio y cómo*
_____ *puede usar la Palabra de*
_____ *Dios para vencer?*

AFIRMEMOS LA ENSEÑANZA PRINCIPAL

Podemos llegar a tener tanta fe como los héroes de la fe, o más. Pero para que eso suceda, debemos entender que la salvación no se produce sin que primero medie la Palabra divina. Esa Palabra no siempre tiene que venir de un clérigo ni de una predicación formal, pero es indispensable que de alguna forma el mensaje de Cristo se comunique para que la persona reciba la salvación. A partir de entonces, la fe también será siempre el resultado de exponerse a la Palabra de Dios. Si nacimos por la Palabra de Dios, creceremos también por ella.

EJERCICIO BÍBLICO

Reflexione y reproduzca con sus propias palabras el siguiente versículo: «La fe viene como resultado de oír el mensaje» (Rom. 10:17, NVI)

_____
_____
_____
_____

RESUMEN DE LA LECCIÓN

☐ La falta de fe tiene solución. Nadie nace con fe.
☐ La predicación no es responsabilidad exclusiva de los pastores.
☐ No hay salvación sin que medie una palabra divina.
☐ El mensaje de Cristo tiene un poder extraordinario y tiene la capacidad de impartir fe.

Jeremías 29:11
1 Timoteo 1:19

☐ Hay un poder sobrenatural que impregna el ambiente cuando se predica el mensaje de Cristo.

☐ El que no tiene fe podrá llegar a tenerla en la medida que oiga la Palabra de Cristo.

APLICACIÓN

De lo tratado en la lección, escriba un breve párrafo o frase sobre algo que sea particularmente importante para usted y que no debe olvidar:

_____

_____

_____

_____

PARA COMPARTIR EN GRUPO

Anote aquí una experiencia personal relacionada con el tema principal *La fe viene por el oír* y las lecciones que pudo aprender de los testimonios de sus otros compañeros:

_____

_____

_____

_____

OTROS RECUADROS DE TEXTO PARA DESTACAR A LO LARGO DE LA LECCIÓN

☐ Quien no tiene fe puede llegar a tenerla, porque la fe nace.

☐ Una sana actitud de fe comienza prestando atención a lo que quiere decirnos Dios.

_____

_____

_____

_____

Lección 7

COMO *un* GRANO *de* MOSTAZA

AFIRMACIÓN BÍBLICA PARA MEMORIZAR:
*Jesús les dijo: Por vuestra poca fe; porque de
cierto os digo, que si tuviereis fe como un grano
de mostaza, diréis a este monte: Pásate de aquí
allá, y se pasará; y nada os será imposible.*

Mateo 17:20

DINÁMICA DE MOTIVACIÓN
Preguntas para la discusión grupal:
1. *¿Qué dice Dios sobre la enfermedad?*
2. *¿Qué dice Dios sobre el futuro?*
3. *¿Qué dice Dios sobre mí y mi realidad?*

PROPÓSITO DE LA LECCIÓN
En esta lección aprenderemos que si una persona llega a creer que necesita mucha fe para que ocurran milagros en su vida, queda neutralizada y no puede avanzar. La ilustración de Jesús del grano de mostaza habla más de la calidad de la fe que de la cantidad. Lo importante es la calidad de nuestra fe más que la cantidad.

Observe con atención los siguientes aspectos que se analizarán en la lección:

La clave es la sumisión

¿Cuánta fe hace falta?
La calidad del grano
La naturaleza responde a la palabra de fe

INTRODUCCIÓN

Un muchacho endemoniado había captado la atención de varias personas. Mientras tanto, su padre hacía gestiones para que sanaran a su hijo. Los discípulos estaban interesados en el caso, pero su labor para liberarlo fracasó. Al final, el muchacho tuvo que esperar a Jesucristo para su liberación.

Parece que la situación incomodó a Jesús, porque hizo algunas declaraciones en cuanto a la infidelidad de la gente y les señaló su condición perversa. La verdad es que a estas alturas, esperaba más de Sus discípulos.

Es posible que la reciente transfiguración contrastara totalmente con este momento de incredulidad. Los hombres espirituales y los carnales, el esplendor de la gloria celestial y la carnalidad humana, los cuerpos de gloria y los enfermos atados por demonios. Todos estos contrastes y la incredulidad rampante contra la que había luchado tantas veces, molestaban visiblemente a Jesús, quizás hasta el punto de sentirse defraudado por aquellos que debían ya poner su fe en acción.

Los discípulos no intentaron ocultar su fracaso, más bien desearon saber por qué no habían podido echar al demonio. Es posible que fuera la primera vez que fallaban en esta ministración y a eso se debía la sorpresa de ellos. «¿Por qué nosotros no pudimos echarlo fuera?» (Mat. 17:19), fue la pregunta. No entendían, pues antes los demonios habían salido.

LECTURAS

Busque en la Biblia, lea y medite sobre el tema siguiendo las ideas expuestas en esta cadena bíblica:

Mateo 17:20
Santiago 4:7
Hebreos 11:1

ENSEÑANZAS PARA LEER Y DISCUTIR EN GRUPO

ENSEÑANZA N°1:*¿Por qué no puedo echar fuera demonios?*

La clave está en la sumisión. En Mateo, los discípulos se habían acostumbrado a que salieran los demonios y los enfermos se sanaran. Pero cuando fallaron, no pudieron entender la razón. El problema radicaba en que habían perdido la perspectiva de que la autoridad espiritual es fruto de una relación vital con aquel que es nuestro amo y Señor. Santiago establece la fórmula: «Someteos, pues, a Dios; resistid al diablo, y huirá de vosotros» (Sant. 4:7). La autoridad nace del sometimiento.

_____
_____   *¿Cómo podemos aprender*
_____   *a someternos siempre*
                                  al Señor?

ENSEÑANZA N°2: *¿Cuánta fe hace falta?*

La expresión «tengo poca fe» no es poco común entre los creyentes. En las sesiones de consejería es muy frecuente que la gente plantee la falta de fe como su problema. Si una persona llega a creer que necesita mucha fe para que ocurran milagros en su vida, quedará neutralizada y será incapaz de avanzar, porque sentirá que nunca tendrá la fe suficiente. La ilustración de Jesús habla más de la calidad de la fe que de la cantidad (Mat. 17:14-21). El tamaño de un grano de mostaza resta importancia a la cantidad y parece que nos dijera: «Si es de calidad, con un poquito de fe es suficiente para que vean mi gloria».

ENSEÑANZA N°3: *¿Se puede tener fe y fracasar?*

Escuchamos a algunos hablar de su gran fe, pero esto contrasta con su vida fracasada. Una gran fe y una vida fracasada no son compatibles. Si alguien dice que tiene gran fe en Dios, pero su fe no funciona en su propia vida, en algún lugar hay una falla. Entonces podríamos deducir que no tiene fe o no tiene a Dios. En el mismo sentido, si pone la fe en un dios falso, es evidente que no habrá resultados porque un dios falso no puede responder. Recuerde que los dioses falsos tienen ojos y no ven, pies y no andan, bocas pero no hablan y sobre todo, no tienen poder (Sal. 135:15-18).

¿Cuáles dos decisiones
deberemos tomar para
vivir una vida de fe
si aplicamos estas dos
enseñanzas a nuestra vida?

_____
_____
_____
_____
_____

ENSEÑANZA N°4: *¿La fe tiene que ver con el poder de la mente?*

Para que sea eficaz, la fe debe sujetarse al Dios todopoderoso, al Señor Jesucristo. De otra manera, estaremos llamando fe a algo que no lo es. No olvide que confundir la fe con una suerte de «mentalismo» es un grave error. Alguien aclaró que la fe no es mente sobre materia, sino verdad sobre mentira. Es creer lo que dice Dios contra lo que diga cualquier otro, incluso uno mismo. La fe contaminada con motivos impropios o con falsos conceptos pierde su eficacia.

ENSEÑANZA N°5: *¿El tamaño de mi fe es lo más importante?*

La conocida comparación con el grano de mostaza no hace referencia solo al tamaño, sino a la calidad. Además de ser pequeño, el grano de mostaza está vivo porque tiene capacidad para crecer y multiplicarse. Si a Jesús solo le hubiera interesado el tamaño, hubiera podido usar el grano de arena. Sin embargo, usó una semilla y no la arena porque la fe está viva y puede crecer. Si su fe es pequeña, no se frustre. El mensaje del Señor a los discípulos fue que si su fe era al menos como un pequeño grano de mostaza, pero era viva y genuina, entonces sería suficiente.

¿Qué otras dos decisiones
deberemos tomar para
vivir una vida de fe
si aplicamos estas dos
enseñanzas más a nuestra
vida?

_____
_____
_____
_____
_____
_____

ENSEÑANZA N°6: *Entonces, ¿cuánta fe es suficiente?*

Tanta como necesite para poner en funcionamiento la lengua. El texto ordena: «diréis» (Mat. 17:20). Este es un nuevo elemento en el proceso de fe. Hemos hablado de la fe como algo que se siente, que se cree en el corazón, como una convicción. Pero ahora hablo de la fe como algo que se dice, como una declaración. La fe se expresa en una palabra de autoridad que se hace pública en conformidad con lo que ha dicho Dios.

ENSEÑANZA N°7: *¿La fe es declarar algo para que suceda?*

La fe es una repetición de lo que Dios ha dicho, de manera que nace del «así dice el Señor». No es otra cosa que ponerse de acuerdo con Dios para repetir lo que ha dicho Él. Por ejemplo, ¿qué expresa Dios sobre la enfermedad? Pues eso mismo declaro y confieso. ¿Qué expresa Dios sobre el futuro? Afirmo eso mismo sin temor. ¿Qué expresa Dios sobre mí? Lo creo y lo repito sin titubeos. Es algo que se declara contra todo pronóstico. El problema radica en que el ser humano moderno se cree muy inteligente como para hacerlo.

¿Qué otras dos decisiones deberemos tomar para vivir una vida de fe si aplicamos estas dos enseñanzas más a nuestra vida?

ENSEÑANZA N°8: *¿Responde la naturaleza a la palabra de fe?*

En una oportunidad, Jesús le habló a la higuera (Mat. 21:18-22). Fue a buscar fruto y, al no encontrarlo, le habló palabra de juicio. Más de uno debe haber pensado que Jesús estaba loco. No sé si la planta tiene o no la capacidad de escuchar, pero sí sé que al otro día, cuando los discípulos pasaron por aquel lugar, la higuera se había secado. Reaccionó a la palabra de autoridad, a la palabra de fe.

La fe contaminada con motivos impropios,
o con falsos conceptos, pierde su eficacia.

ENSEÑANZA N°9: *¿Con fe se puede cambiar el estado de las cosas?*

Cuando el mar embravecido amenazaba con hundir la embarcación donde estaban los discípulos, Jesús habló a los vientos y estos le obedecieron de inmediato (Mat. 8:23-27). La gente se asombraba de Jesús, porque hablaba como quien tenía autoridad (Mat. 7:28-29). Este es justamente el legado que nos ofrece el versículo cuando dice: «Diréis a este monte: Pásate de aquí allá, y se pasará» (Mat. 17:20).

¿Qué aprendemos de   _____
estas dos enseñanzas con   _____
respecto al poder de Dios   _____
sobre la naturaleza y la fe? _____

ENSEÑANZA N°10: *¿Basta con creer con el corazón?*

No basta con creer con el corazón, también hay que confesar con la boca. Quien cree una cosa y dice otra, pone dos elementos de la fe a reñir entre sí y al final, neutraliza el efecto de la fe y experimenta otro fracaso en su vida. No podemos creer que Dios nos ha salvado y vivir confesando que el diablo arruina nuestra vida. No podemos orar para que Dios salve a nuestros hijos y vivir diciendo que no tienen remedio. El mundo nos ha enseñado a expresar duda y destrucción, pero Dios quiere enseñarnos a hablar para la fe y la edificación.

No basta con creer con el corazón.
Hay que confesar con la boca.

ENSEÑANZA N°11: *¿La fe representa un riesgo?*

La instrucción que durante años hemos recibido del mundo está tan arraigada, que a veces no nos damos cuenta de las locuras que decimos contra Dios y contra su Palabra. Tanto es así que, a veces, evangelizamos a una vida y de inmediato, le aseguramos que el diablo la va atacar y que intentará robarle la bendición. Es como si creyéramos que el diablo es más fiel en su trabajo que el Espíritu Santo. Dios no es hombre para que mienta (Núm. 23:19). Todo lo que ha prometido lo cumplirá a Su tiempo. La fe no es un riesgo, es precisamente lo contrario.

_____
_____
_____
_____

¿Cuáles dos elementos prácticos aprendemos en estas dos lecciones con respecto a la vida de fe?

AFIRMEMOS LA ENSEÑANZA PRINCIPAL

La falta de fe revela la ausencia de una relación vital y de sometimiento a aquel que es la autoridad.

No se trata del tamaño, sino de la calidad de la fe.

Hemos hablado de la fe como algo que se siente, que se cree en el corazón, como una convicción. Ahora hemos hablado de la fe como algo que se dice, como una declaración. La fe se expresa verbalmente.

EJERCICIO BÍBLICO

Reflexione y luego reproduzca con sus propias palabras el siguiente versículo: «Es pues, la fe la certeza de lo que se espera, la convicción de lo que no se ve» (Heb. 11:1).

_____
_____
_____
_____

RESUMEN DE LA LECCIÓN

☐ Los discípulos no intentaron ocultar su fracaso, más bien desearon saber por qué no habían podido echar el demonio.

☐ La relación que se cultiva en el ambiente del ayuno y la oración genera el tipo de fe y autoridad espiritual para enfrentar tanto a enfermedades como a demonios.

☐ Cuando alguien dice que tiene gran fe en Dios, pero esta no funciona en su vida diaria, algo anda mal.

☐ El mensaje del grano de mostaza nos enseña que la fe no tiene que ver solo con el tamaño, sino con la calidad de la fe.

☐ La fe se expresa verbalmente. La fe es una palabra de autoridad que se declara en conformidad con lo que ha dicho Dios. No es capricho humano. Es más bien, la afirmación de lo que Dios ha dicho en Su Palabra.

☐ No podemos creer que Dios nos ha salvado y vivir confesando que el diablo arruina nuestra vida.

☐ El mundo nos ha enseñado a expresar duda y destrucción, pero Dios quiere enseñarnos a hablar en fe y para edificación.

APLICACIÓN

De lo tratado en la lección, escriba un breve párrafo o frase sobre algo que para usted es particularmente importante y no debe olvidar:

_____

_____

_____

_____

PARA COMPARTIR EN GRUPO

Anote aquí una experiencia personal relacionada con el tema principal de la lección *Como un grano de mostaza* y las lecciones que pudo aprender de los testimonios de sus otros compañeros:

_____

_____

_____

_____

Lección 8

LA FE *se* MUESTRA

AFIRMACIÓN BÍBLICA PARA MEMORIZAR:
Hermanos míos, ¿de qué aprovechará si alguno dice que tiene fe, y no tiene obras? ¿Podrá la fe salvarle? Y si un hermano o una hermana están desnudos, y tienen necesidad del mantenimiento de cada día, y alguno de vosotros les dice: Id en paz, calentaos y saciaos, pero no les dais las cosas que son necesarias para el cuerpo, ¿de qué aprovecha? Así también la fe, si no tiene obras, es muerta en sí misma. Pero alguno dirá: Tú tienes fe, y yo tengo obras. Muéstrame tu fe sin tus obras, y yo te mostraré mi fe por mis obras.

Santiago 2:14-18

DINÁMICA DE MOTIVACIÓN

Pregunta para la discusión grupal:

1. *¿La fe puede quedarse en el anonimato o solo en la vida íntima de una persona?*
2. *Si la fe puede manifestarse, ¿cómo debe lucir en la vida de un cristiano?*

PROPÓSITO DE LA LECCIÓN

En esta lección aprenderemos que el valor de la fe radica en el provecho real que puede traer a las vidas. Estos beneficios empiezan por la salvación, pero se extienden a todos los órdenes de la vida.

Observe con atención los siguientes aspectos que se analizarán en la lección:

El provecho de la fe
Las sanidades no son sorpresas
Dios atiende al hombre en forma integral
Sin obras, la fe no es provechosa
La fe exige acción
La fe se muestra

INTRODUCCIÓN

La carta de Santiago es fascinante. Nos sorprende a menudo con ángulos que pocas personas se atreverían a presentar. En el segundo capítulo, desde el versículo 14 hasta el 26, trata el tema de la fe. Aquí solo consideraremos los versículos del 14 al 18.

Santiago plantea el problema que le ocupa de una manera muy clara: «Hermanos míos, ¿de qué aprovechará si alguno dice que tiene fe, y no tiene obras? ¿Podrá la fe salvarle?» (Sant. 2:14)

La respuesta evidente es: de ninguna manera. Es muy probable que en la mente de Santiago estuviera el deseo de responder a algunos que habían interpretado mal a Pablo. Esos supuestos discípulos enseñaban que una confesión de fe, básicamente intelectual, era suficiente para salvar al ser humano.

LECTURAS

Busque en la Biblia, lea y medite sobre el tema siguiendo las ideas expuestas en esta cadena bíblica:

Santiago 2:14-18
Lucas 5:23, 24
Juan 9:7
Mateo 9:2

ENSEÑANZAS PARA LEER Y DISCUTIR EN GRUPO

ENSEÑANZA N°1: *¿En qué me beneficia la fe?*

La fe genuina es provechosa porque trae muchos beneficios,

comenzando por el mayor de todos, la salvación del alma. Claro está que este es solo el primero de muchos otros beneficios. La fe se manifiesta en todas las áreas de la vida, desde lo espiritual hasta lo económico, desde las emociones hasta lo físico.

ENSEÑANZA N°2: *¿Sirve la fe para sanar enfermos?*

El proceso de ir descubriendo los beneficios de la fe es gradual. En mi caso, cuando celebré mi primera campaña evangelística, el único beneficio en el que podía pensar era la salvación de una vida. Pero esta percepción cambió en Venezuela, cuando una noche Raimundo Jiménez me pidió que orara por los enfermos. Hasta ese momento pensaba que nada ocurriría, porque creía que los milagros estaban ligados exclusivamente a personas especiales. Sin embargo, las palabras del hermano Jiménez me animaron: «¡Echa pa'lante, que quien hace los milagros es Dios! ¡Lo tuyo solo es orar!».

ENSEÑANZA N°3: *¿Seguro habrá sanidades?*

La actitud del evangelista Eugenio Jiménez nunca dejó de sorprenderme. Estaba tan seguro de que todos sanarían que, cuando se enteraba de que alguna persona no había recibido la sanidad esperada, pedía que lo llevaran adonde estaba para orar por ella. Y si aun así no sanaba, tenía un consejo de amor para esa persona que le ayudaba a resolver algún problema en su relación con Dios. Días después, esa misma persona estaba en la fila de los testimonios contando cómo Dios había obrado en ella.

ENSEÑANZA N°4: *¿Atiende Dios al hombre en forma integral?*

Dios quiere sanar y también está dispuesto a obrar milagros en otros aspectos de la vida. Recuerdo que en el aspecto económico Jesucristo abrió otra vez mis ojos. Yo sentía que Dios era muy santo como para ocuparse de algo tan «sucio» como el dinero. Un evangelista, Rafael Quiñones, fue quien me hizo reflexionar en cuanto al dinero. Lo escuché decir: «Dime cuánto das y te diré quién eres». De esa manera fui descubriendo que para Dios el dinero era limpio y útil para bendecir.

¿Qué aspectos se resaltan ———————————
con respecto a la fe en ———————————
estas cuatro enseñanzas y ———————————
cómo podemos aplicarlos a ———————————
nuestra vida? ———————————

ENSEÑANZA N°5: *¿Es provechosa la fe sin obras?*

El beneficio de la salvación, que se alcanza por la fe, debe mostrarse a través de las obras correspondientes. El apóstol Santiago lo ilustra de manera genial cuando dice que la fe sin obras está muerta y no sirve para nada. El planteamiento de Santiago no es que hay dos tipos de fe, una con obras y otra sin obras. Nada de eso. Lo que nos dice es que la fe es una sola y tiene obras que la siguen. Cuando la fe no se traduce en conducta, entonces no es genuina y no es provechosa porque está muerta (Sant. 2:14-26).

ENSEÑANZA N°6: *¿La fe exige acción?*

Muchos milagros se detienen precisamente en este punto, porque los que esperan el milagro nunca llegan a moverse. La fe exige ponerse en acción. Vemos la fe actuando en el corazón, la vemos en la palabra de autoridad. Ahora también la podemos ver en la acción o conducta de fe. En el ministerio milagroso de Jesús, la proclamación de un milagro iba acompañada de una orden clara que exigía una acción inmediata del enfermo. Por ejemplo: «Toma tu lecho, y vete a tu casa» (Mar. 2:11), o «Levántate [...] y anda» (Juan 5:8). En otra ocasión dijo: «Ve a lavarte en el estanque»" (Juan 9:7).

¿Cuál es el desafío personal ———————————
para su fe que debe ———————————
asumir luego de haber ———————————
comprendido estas dos ———————————
últimas enseñanzas? ———————————

ENSEÑANZA N°7: *¿Pueden parecer absurdos algunos actos de fe?*

La limitada capacidad intelectual del ser humano hace que se sienta absurdo al tener que actuar en contra de lo que le dicen sus sentidos. Pongamos algunos ejemplos: Naamán el sirio tuvo que lavarse siete veces en el Jordán antes de ver realizado su milagro (2 Rey. 5). Abraham estuvo dispuesto a sacrificar a su único hijo al obedecer una orden divina que iba contra el deseo de su corazón (Gén. 22:1-18). Es evidente que el mandato recibido de parte de Jesús por el paralítico en Betesda iba en contra de todo lo que ese hombre conocía o podía esperar. ¿Cómo podía un hombre, que durante 38 años había estado postrado sin mover las piernas, responder al imperativo «levántate, toma tu lecho, y anda»? (Juan 5:1-18).

ENSEÑANZA N°8: *¿Debo creer en la ciencia y en los sentidos cuando se trata de la fe?*

Simplemente tiene que tomar la decisión de a quién creer: ¿A Dios o a los sentidos? ¿A Dios o a las circunstancias? ¿A Dios o a la ciencia? La acción de fe nace de entender lo que Dios dice y no de lo que los sentidos humanos puedan percibir. Abraham entendió la voz de Dios y salió de Ur de los caldeos (Gén. 12:1-3). Pablo entendió la voz de Dios y no fue rebelde a la visión celestial (Hech. 26:1-20). Fe es caminar orientado por el «así dice el Señor» y no por la mera costumbre o realidad humana.

¿Conoce algún testimonio donde el Señor obró por encima de las circunstancias y de una manera sobrenatural?

_____

_____

_____

_____

ENSEÑANZA N°9: *¿La fe se muestra?*

Se podría pensar que la fe no es un elemento tangible, pero se muestra y se pone de manifiesto a través de las acciones correspondientes.

Jesús podía ver los corazones, pero también veía las acciones de las personas (Juan 2:23-25). La conducta de fe se ve al hacer algo que de otra manera quedaría solo en un concepto abstracto, y así la convierte en una realidad palpable. Las acciones correspondientes logran que la persona obtenga el mayor beneficio de su fe.

Cuando la fe no se traduce en conducta no es genuina, no es provechosa, está muerta.

AFIRMEMOS LA ENSEÑANZA PRINCIPAL

La fe que no es útil está muerta, no sirve para nada. Santiago establece con toda claridad que la fe sin obras no es provechosa. Hasta se puede dudar del beneficio de la salvación, que se alcanza por la fe, si esta no se muestra con obras.

Lo que plantea Santiago no es que hay dos tipos de fe, una con obras y otra sin obras. Nada de eso. Lo que nos dice es que la fe es una sola y tiene que poner de manifiesto nuestras obras.

EJERCICIO BÍBLICO

Reflexione y luego reproduzca con sus propias palabras el siguiente versículo: «Hermanos míos, ¿de qué aprovechará si alguno dice que tiene fe, y no tiene obras? ¿Podrá la fe salvarle?» (Sant. 2:14)

_____

_____

_____

_____

RESUMEN DE LA LECCIÓN

- ☐ Para Santiago, el valor de la fe consistía en el beneficio que pudiera traer. La fe genuina es provechosa.
- ☐ Dios está dispuesto a obrar milagros en todos los aspectos de la vida.
- ☐ La fe es una sola y se muestra a través de sus obras.
- ☐ Muchos milagros se detienen porque quienes los esperan no se mueven en fe. La fe exige acción.

☐ La conducta de fe se ve y hace que se convierta en una realidad palpable.

APLICACIÓN

De lo tratado en la lección, escriba un breve párrafo o frase sobre algo que para usted es particularmente importante y no debe olvidar:

_____

_____

_____

_____

PARA COMPARTIR EN GRUPO

Anote aquí una experiencia personal relacionada con el tema *La fe se muestra* y las lecciones que pudo aprender de los testimonios de sus otros compañeros:.

_____

_____

_____

_____

Tercera Parte

PEDIR con FE

Lección 9

JESÚS, *el* MEJOR AMIGO *de sus* DESEOS

AFIRMACIÓN BÍBLICA PARA MEMORIZAR:
Codiciáis, y no tenéis; matáis y ardéis de envidia,
y no podéis alcanzar; combatís y lucháis, pero no tenéis
lo que deseáis, porque no pedís. Pedís, y no recibís,
porque pedís mal, para gastar en vuestros deleites.

Santiago 4:2-3

DINÁMICA DE MOTIVACIÓN

Enunciado para la discusión grupal: comenten sobre algo que pidieron a Dios y no obtuvieron respuesta:

1. *¿Cómo se sintieron?*
2. *¿Cómo lo entendieron?*

PROPÓSITO DE LA LECCIÓN

En esta lección aprenderemos que el Señor está atento a los deseos de nuestro corazón y desea satisfacer nuestras necesidades; pero también aprenderemos que debemos glorificar a Dios por Sus propósitos en primer lugar, y someter nuestros deseos y razones a Su voluntad.

Observe con atención los siguientes aspectos que se analizarán en la lección:

El plan de Dios es mejor que el mío
Soñar en grande

Jesucristo, el camino directo a los sueños
La motivación es importante

INTRODUCCIÓN

A menudo, leo Santiago 4:2-3 al iniciar una enseñanza sobre el tema de la fe y escucho pocos «amén» al terminar la lectura. Sin duda, nadie desea identificarse con términos tan fuertes como «codiciáis», «matáis» o «ardéis de envidia». El temor y la vergüenza son justificables, pero tal vez si expresáramos lo mismo en otras palabras, entonces más personas se sentirían identificadas.

Creo que la idea es simplemente que hay momentos cuando, a pesar de esforzarnos mucho o luchar con todas nuestras fuerzas por alcanzar ciertas cosas, estas no llegan en el momento o la forma esperados, por diferentes razones que es importante enfrentar y resolver con confianza y dependencia de nuestro Señor. Veamos entonces cuál es el mensaje que Santiago quiere que entendamos.

LECTURAS

Busque en la Biblia, lea y medite sobre el tema siguiendo las ideas expuestas en esta cadena bíblica:

Santiago 4:2,3
Filipenses 2:13

ENSEÑANZAS PARA LEER Y DISCUTIR EN GRUPO

ENSEÑANZA N°1: *¿La voluntad de Dios es enemiga de mis deseos?*

Algunas personas, al ver que no alcanzan sus anhelos, resuelven el problema afirmando que ese anhelo no estaba dentro de la voluntad de Dios. Es peligroso asumir esa posición para todas las peticiones no contestadas, porque hace parecer que Dios es indiferente o, peor aun, es enemigo de nuestras peticiones y deseos. Equivocadamente podrían llegar a la conclusión de que a Dios solo le agradan las cosas mediocres, feas y viejas. Es importante saber que tal vez ese deseo sí está dentro de la voluntad de Dios, pero la manera en que se ha tratado de obtenerlo no ha sido la adecuada.

ENSEÑANZA N°2: *¿Por qué Dios no aprueba lo que quiero?*

Los «no» de Dios no siempre significan que desapruebe nuestro proyecto. Tal vez lo que Dios desaprueba es cómo intentamos lograrlo. También ese «no» puede significar que Dios tiene algo mejor que esa petición. Hay algo que hemos aprendido y queremos compartirlo con usted: El plan de Dios siempre es mejor que el nuestro.

> *También ese «no» puede significar que Dios tenga algo mejor para usted. El camino más corto entre usted y sus deseos es Jesucristo.*

ENSEÑANZA N°3: *¿Debo pedir y soñar en grande?*

Sueñe y hágalo en grande. Si cree que su sueño tiene valor delante de Dios, no permita que los reveses le impidan seguir luchando por aquello que desea. Dios quiere que usted siga soñando con cosas mejores. Satanás es enemigo de sus sueños, pero Dios lo anima a que desee y a que sueñe con una mayor bendición cada día. De manera que podríamos afirmar que los buenos deseos vienen de Dios porque: «Toda buena dádiva y todo don perfecto desciende de lo alto, del Padre de las luces, en el cual no hay mudanza, ni sombra de variación» (Sant. 1:17). Quien deja de soñar comienza a morir. Sueñe, anhele, desee y no se detenga.

ENSEÑANZA N°4: *¿Cuándo debo dejar de anhelar y de pedirle algo a Dios?*

No todo lo que se mueve, habla y camina está vivo. Algunas personas que son enterradas a los 70 años, murieron a los 40. Se presentan muchas justificaciones para dejar de desear o luchar, pero ninguna puede considerarse válida. No importa quién lo haya traicionado, maltratado, defraudado, violado, humillado, abandonado o demás. Nada ni nadie es tan importante como para que usted deje de soñar. No olvide que, cuando dejamos de desear, impedimos que la voluntad de Dios se exprese en nosotros (Mat. 7:7-12).

_____

_____   *¿Cómo podría resumir*
                              estas cuatro primeras
_____   *enseñanzas?*

ENSEÑANZA N°5: *¿Cuál es el camino más corto para mis anhelos?*

La ciencia nos enseña que el camino más corto entre dos puntos es la línea recta. Pues bien, el camino más corto entre usted y sus anhelos es Jesucristo. Tome la ruta que se llama Jesucristo y llegará más rápido a aquello que quiere lograr en la vida. No olvide que Jesucristo es su mejor amigo y quiere que usted le pida (Juan 16:24). Sin embargo, al momento de ir a Jesucristo debemos definir y clarificar en Su presencia dos puntos importantes en cuanto a nuestros deseos: El primero es: ¿qué deseo? El segundo es: ¿por qué lo deseo?

ENSEÑANZA N°6: *¿Es importante la motivación de mis peticiones a Dios?*

Una razón para no alcanzar los anhelos es tener motivaciones desviadas. Santiago dice «Pedís mal» (Sant. 4:3). Ese «mal» consiste en el motivo equivocado que nos impulsa a desear. A Dios le interesa tanto saber qué pedimos, como para qué lo pedimos. Si la motivación es inadecuada, no nos concederá las peticiones porque serán dañinas. «Gastar en deleites», por ejemplo, no será nunca una buena motivación.

ENSEÑANZA N°7: *¿Para qué quiero un milagro?*

Nuestro Dios está orientado a que nos convirtamos en personas útiles y que seamos serviciales tal como el Señor lo fue mientras estuvo en la tierra (Mat. 20:25-28). Gastar en deleites carnales no le trae provecho ni beneficio a nadie. Cuando fije en su corazón un deseo, garantice que el motivo sea según el corazón de Dios. El Señor no tiene problema en concederle sus peticiones si las motivan propósitos nobles y santos. Un cáncer no es problema para Dios. Él lo puede sanar ahora mismo. Una crisis económica tampoco es problema para Dios. Las preguntas que debe contestar antes de ver el milagro son: ¿Para qué quiero ese milagro? ¿Qué haré con él? ¿Obtenerlo glorificará a Dios?

¿Cómo podemos analizar las motivaciones de nuestras peticiones y descubrir si son adecuadas para el Señor o no?

_____

_____

_____

_____

_____

AFIRMEMOS LA ENSEÑANZA PRINCIPAL

Procure glorificar a Dios en sus propósitos y Él no tendrá objeción en bendecirlo al concederle las peticiones de su corazón. No olvide que Jesucristo es su mejor amigo y quiere que usted le pida. Pero hay dos cosas importantes a definir: ¿Qué desea y por qué lo desea?

EJERCICIO BÍBLICO

Reflexione y reproduzca con sus propias palabras el siguiente versículo: «Porque Dios es el que en vosotros produce así el querer como el hacer, por su buena voluntad» (Fil. 2:13).

_____

_____

_____

_____

RESUMEN DE LA LECCIÓN

☐ Hay momentos cuando, a pesar de esforzarnos mucho o luchar con todas las fuerzas por alcanzar algo, esto no llega en el momento o la forma esperada.

☐ Los «no» de Dios no siempre significan que desapruebe nuestro proyecto. Tal vez lo que desaprueba es cómo intentamos lograrlo.

☐ No permita que los reveses le impidan seguir luchando por lo que desea.

☐ Si la motivación no es adecuada, Dios no le concederá las peticiones, porque le harán daño.

☐ El camino más corto entre usted y sus deseos es Jesucristo. Tome la ruta que se llama Jesucristo y llegará más rápido a aquello que anhela.

☐ Cuando fije en su corazón un deseo, garantice que el motivo sea según el corazón de Dios. El Señor no tiene problema en concederle sus peticiones si las motivan propósitos nobles y santos que están de acuerdo a Su voluntad.

APLICACIÓN

De lo tratado en la lección, escriba un breve párrafo o frase sobre algo que para usted es particularmente importante y no debe olvidar:

_____

_____

_____

_____

PARA COMPARTIR EN GRUPO

Anote aquí una experiencia personal relacionada con el tema *Jesús, el mejor amigo de sus deseos* y las lecciones que pudo aprender de los testimonios de sus otros compañeros:

_____

_____

_____

_____

Lección 10

¿QUÉ *le* PEDIMOS *a* DIOS?

AFIRMACIÓN BÍBLICA PARA MEMORIZAR:

Me dijo el rey: ¿Qué cosa pides? Entonces oré al Dios de los cielos, y dije al rey: Si le place al rey, y tu siervo ha hallado gracia delante de ti, envíame a Judá, a la ciudad de los sepulcros de mis padres, y la reedificaré. Entonces el rey me dijo (y la reina estaba sentada junto a él): ¿Cuánto durará tu viaje, y cuándo volverás? Y agradó al rey enviarme, después que yo le señalé tiempo. Además dije al rey: Si le place al rey, que se me den cartas para los gobernadores al otro lado del río, para que me franqueen el paso hasta que llegue a Judá; y carta para Asaf guarda del bosque del rey, para que me dé madera para enmaderar las puertas del palacio de la casa, y para el muro de la ciudad, y la casa en que yo estaré. Y me lo concedió el rey, según la benéfica mano de mi Dios sobre mí.

Nehemías 2:4-8

DINÁMICA DE MOTIVACIÓN

Pregunta para la discusión grupal: ¿Podríamos hacer una lista de las cosas que continuamente le pedimos a Dios?:

1. *¿Cuáles son aquellas cosas por las que insistimos más delante de Dios?*
2. *Si las pusiéramos en orden de prioridades, ¿cuáles serían las diez primeras?*

PROPÓSITO DE LA LECCIÓN

En esta lección aprenderemos que debemos estar comprometidos con nuestras peticiones, motivados por una causa que trasciende la vida misma y que es superior al ser humano. Debemos definir qué queremos delante de Dios y debemos luchar constantemente en contra de la inestabilidad y la inconstancia, reconociendo que el Señor está siempre en control de todo.

Observe con atención los siguientes aspectos que se analizarán en la lección:

Motivos trascendentes
El problema de la inconstancia
Fe específica
La fe es determinante
Las peticiones no son una carga para Dios
Tener un plan
La fe mueve la mano de Dios

INTRODUCCIÓN

Los libros de Esdras y Nehemías son una continuación del relato histórico que comienza en Crónicas con la historia y las vicisitudes del pueblo de Dios que terminaron en la deportación de los israelitas. Nehemías es una persona clave en la reconstrucción de Jerusalén y será una figura clave en esta lección. Uno de los aspectos más interesantes de este hombre de Dios es que, en tiempo récord, logra lo que durante años había sido solo un sueño imposible para los judíos. Veremos cómo actuó la fe en este caso.

LECTURAS

Busque en la Biblia, lea y medite sobre el tema siguiendo las ideas expuestas en esta cadena bíblica:

Nehemías 2:4-8
Juan 11:25
Romanos 3:4

ENSEÑANZAS PARA LEER Y DISCUTIR EN GRUPO

ENSEÑANZA N°1: *¿Qué le debo pedir a Dios?*

Esdras había deseado la reconstrucción de la ciudad durante unos 20 años. Nehemías, en cambio, realizó su peligroso trabajo de reconstrucción en unos 52 días. ¿Dónde radica el secreto de hombres como Nehemías que logran en poco tiempo lo que a otros les tomaría toda una vida? Para que una visión mueva en verdad a Dios, tiene que mover también al hombre. Solo una visión que cuente con un serio compromiso lo moverá con la fuerza necesaria para que vuelen aun las montañas de la duda y la oposición.

ENSEÑANZA N°2: *¿Hay motivaciones que nos trascienden?*

Para vivir la vida con intensidad hay que estar motivado por una causa que trascienda a la vida misma. Una causa que sea más alta que el ser humano mismo. Me refiero, por ejemplo, a ese compromiso vital que saca de la cama a una madre cansada cuando escucha que su hijo tiene un problema en medio de la noche. O también a lo que impulsa a un hombre a ofrecer su único riñón para salvar la vida de un ser querido. Eso es amor intenso y comprometido con una causa que nos supera.

¿Podría expresar cuáles son las motivaciones detrás de su vida y sus oraciones? _____

ENSEÑANZA N°3: *¿Quiénes triunfan en sus peticiones a Dios?*

Aquellos que triunfan en lo que emprenden son los que tienen un claro sentido de misión, de propósito y de cruzada. Esta experiencia solo la vive quien logra definir lo que quiere. Orar, pedir o tener fe no tiene sentido si no logro definir qué quiero alcanzar, y cuán importante y trascendente es lo que estoy buscando. La pregunta inquisitiva del rey a Nehemías fue precisamente esta: «¿Qué pides?». Primero hay que definir lo que quiero y luego seguir queriéndolo. Si no hubiera tenido una respuesta clara de lo que quería y un profundo deseo que lo impulsaba, no hubiera sabido qué responder al rey y su vida no hubiera salido del lugar donde estaba.

ENSEÑANZA N°4: *¿Es la inconstancia un problema?*

Es común que una persona que no la está pasando bien como inmigrante le pida a Dios que le permita volver a su tierra. Pero unos días después, ora a Dios diciéndole que lo ayude a conseguir un mejor trabajo y que le permita comprar una casa para no tener que mudarse de ciudad ni tampoco de vuelta a su país. Al cabo de un mes, la misma persona está buscando dirección del Señor, porque le han hecho una oferta de trabajo en otra ciudad y se dispone a mudarse allí. Mi pregunta es: ¿Cuál de todas esas peticiones debe contestar Dios? Es evidente que primero hay que definir qué es lo que se quiere.

ENSEÑANZA N°5: *¿La fe debe tener un propósito específico?*

Para que la fe sea eficaz debería encauzarse hacia algo particular y específico. Durante algunas campañas me acerco al altar para orar con la congregación y unirme a su clamor. Al escuchar las oraciones me pregunto: «Dios, ¿qué te están pidiendo?». Unos oran: «Señor, mira a mi esposo». Otros piden, «Mira al pastor». No sé cómo puede Dios contestar oraciones tan vagas. Imagino que se asombrará y pasará revista para luego responderles: «Ya los vi, ¿están contentos y satisfechos?» No hay duda de que lo impreciso de nuestras peticiones hará muy difícil la respuesta divina.

¿Cómo podemos ayudarnos a ser más precisos en nuestras oraciones? ¿Será la imprecisión falta de fe y confianza en Dios?

ENSEÑANZA N°6: *¿Es la fe un factor determinante?*

No permita que sus propios recursos le pongan límites a Dios. Él es todopoderoso (Gén. 17:1). Por ejemplo, no diga: «Ya me han examinado los mejores médicos y dicen que no hay posibilidades. ¿Por qué tengo que alimentar falsas esperanzas?». Entonces podríamos preguntar: «¿La palabra del médico es verdad y la Palabra de Dios es falsa esperanza?» En este caso, el problema está en la actitud del corazón. Lo importante es estar dispuesto a creerle a Dios y no permitir que su mente y sus recursos humanos le digan hasta dónde puede llegar Dios. Para Él no hay nada imposible (Luc. 1:37).

ENSEÑANZA N°7: *¿Cargo mucho a Dios con mis peticiones?*

Muchas veces las personas piensen que ya le han pedido mucho al Señor. La petición de Nehemías a Dios fue extensa y detallada (Neh. 1:1-11). Nunca pensó que solo algunas cosas merecían incluirse y tampoco tuvo inconveniente en incluir cuestiones personales en la petición. No sienta que el Señor solo se ocupa de asuntos religiosos y que los otros son intrascendentes para Él. Por el contrario, el Señor está interesado en suplir todas sus necesidades (Sal. 34:10). Por eso es importante que defina con precisión qué es lo que quiere (Luc. 12:22-31).

ENSEÑANZA N°8: *¿Debo tener un plan de fe?*

Nehemías fue capaz de decirle al rey no solo qué quería, sino cuándo y cómo lo quería. Un viejo pastor me dijo alguna vez: «La fe que mueve montañas debe llevar pico y pala». La fe de Nehemías incluía pico, pala, martillo, planos, permisos y todo lo necesario para realizar la obra. Él no se sentó a esperar que Dios hiciera lo que le correspondía. Planeó, creyó y actuó. Los planes de Nehemías, que fueron el producto de la oración, nunca obstaculizaron a Dios; todo lo contrario, lo honraron. Un plan es también una expresión de la fe viva.

ENSEÑANZA N°9: *¿Mueve mi fe la mano de Dios?*

No importa de quién o de qué dependan los permisos o respuestas que esté esperando. No importa qué oficina de gobierno o agencia tenga que considerar su caso. Tampoco con quién tenga que reunirse. Dios tiene el control. A alguien le oí decir que Satanás es una marioneta de Dios. No sé cómo están esos hilos, pero el poder de aquel en quien confiamos hace, hoy como ayer, que todo obre para bien.

_____
_____
_____
_____
_____

Haga una lista personal de lo que ha aprendido para mejorar la calidad y precisión de sus oraciones en fe.

AFIRMEMOS LA ENSEÑANZA PRINCIPAL

Preste atención al comentario final de Nehemías, donde dice: «Y me lo concedió el rey, según la benéfica mano de mi Dios sobre mí» (Neh. 2:8). Nehemías no puso su confianza en el rey ni tampoco le dio la gloria. Este hombre de Dios sabía muy bien de dónde venía su provisión y quién era el que merecía todo el crédito.

También tenía claro que no fue el dios del rey el que le concedió la petición. Para Nehemías no era importante a cuál dios servía Artajerjes. Y por eso no le reconoció ningún mérito a ese dios. Tampoco se escudó argumentando que el rey era muy duro o que era un impío. ¡Nada de eso! Para Nehemías todas las circunstancias y las personas estaban bajo el control de su Dios. Si este rey tenía fe o no, buen carácter o no, a Nehemías no le preocupaba. Lo que para él estaba claro era que había puesto todo delante de su Señor, y su Dios se encargaría de todo conforme a Su voluntad buena, agradable y perfecta.

EJERCICIO BÍBLICO

Reflexione y reproduzca con sus propias palabras el siguiente versículo una vez más: «Sea Dios veraz, y todo hombre mentiroso« (Rom. 3:4).

_____
_____
_____
_____

RESUMEN DE LA LECCIÓN

☐ El secreto de hombres como Nehemías que logran en poco tiempo lo que a otros les toma toda una vida radica en la precisión de su visión, su compromiso y su constancia.

☐ Solo una visión que cuente con un serio compromiso lo moverá con la fuerza necesaria para que vuelen aun las montañas de la duda y la oposición.

☐ Para vivir la vida con la intensidad que se requiere hay que estar motivado por una causa que trascienda la vida misma.

☐ Hay que definir qué es lo que se quiere. Este es uno de los mayores problemas de nuestra sociedad, porque la gente no sabe qué quiere.

☐ Para que la fe sea eficaz debe encauzarse hacia algo en particular y específico dentro de la voluntad de Dios.

☐ No permita que sus recursos le pongan límites a Dios. Él es todopoderoso.

☐ La petición de Nehemías fue extensa y detallada. Nunca pensó que solo algunas cosas eran dignas de incluirse.

☐ El proceso de la respuesta divina a Nehemías incluye el plan que contenía su petición. Nehemías fue capaz de decirle al rey no solo qué quería, sino cuándo y cómo lo quería.

APLICACIÓN

Hay que definir qué es lo que se quiere en la vida. Es tiempo de cerrar este libro por unos instantes y orar... ¿Ya oró? Ahora, conteste abajo la pregunta: ¿Qué es exactamente lo que usted quiere?

_____

_____

_____

_____

PARA COMPARTIR EN GRUPO

Anote aquí una experiencia personal relacionada con el tema *¿Qué le pedimos a Dios?* y las lecciones que pudo aprender de los testimonios de sus otros compañeros:

_____

_____

_____

_____

Lección 11

EL CASO *de* DAVID *y* GOLIAT, *y de* BARTIMEO

DINÁMICA DE MOTIVACIÓN

Represente con el grupo el encuentro entre David y Goliat (1 Sam. 17). Pregunta para la discusión grupal: ¿Qué cosas nos dan confianza y cuáles nos hacen temer cuando batallamos contra algo mayor que nosotros?

PROPÓSITO DE LA LECCIÓN

En esta clase aprenderemos cuán necesaria es la fe que nos ayuda a analizar todas las situaciones de la vida desde una perspectiva divina. En el caso de David, los ojos de todo el pueblo solo veían al gigante, pero él veía a un Dios que era mayor que todo el ejército filisteo. Por eso, aprenderemos que el Señor es el protagonista de los actos de fe y no nosotros. Con Bartimeo aprendemos que la fe es persistente y es una respuesta al llamado de Dios. Como él, también debemos aprender a saber qué pedir cuando estemos en la presencia del Señor.

Observe con atención los siguientes aspectos que analizaremos en la lección:

Escuche con el oído de Dios
Ponga la batalla de fe en la perspectiva adecuada
No pierda la visión
Descubra a Dios en la rutina diaria
Haga que Dios conozca sus peticiones

INTRODUCCIÓN

La historia de David y Goliat no es una oda a la suerte ni a la habilidad de un audaz y joven guerrero. Es más que todo un homenaje a la fe de un joven que pudo ver, oír y analizar las cosas desde una perspectiva distinta de los demás. No elaboró una nueva perspectiva humana, sino que se sujetó a la perspectiva divina.

Debo comenzar por repasar un poco esta historia haciendo hincapié en ciertos detalles que a menudo pasan inadvertidos. La gran mayoría sabe que esta historia se desarrolla cuando los israelitas y los filisteos se hallaban en guerra. La batalla estaba a punto de comenzar, cuando se adelantó un enorme héroe militar de los filisteos, Goliat. Este guerrero medía poco más de nueve pies, que son casi tres metros. Y como si esto fuera poco, era diestro con sus armas porque tenía una enorme experiencia militar desde su juventud.

No necesitamos esforzarnos mucho para comprender por qué los israelitas estaban impresionados y hasta asustados. Un razonamiento sencillo nos lleva a concluir que pelear con un hombre de esas proporciones sería un grave error para cualquiera, incluidos los soldados, y mucho más para un muchacho como David. Las posibilidades de éxito en una empresa como esta se reducen al mínimo.

El caso de Bartimeo, por su parte, es un ejemplo extraordinario de fe. Sin titubeos, llamó a Jesús «Hijo de David» que era un reconocido título mesiánico. El mendigo ciego hizo una abierta confesión de fe que nadie se había atrevido a pronunciar hasta ese momento. Gritó a los cuatro vientos que creía en Jesús como el Mesías. Y el pueblo judío sabía que el Cristo habría de darles vista a los ciegos.

LECTURAS

Busque en la Biblia, lea y medite sobre el tema siguiendo las ideas expuestas en esta cadena bíblica:

1 Samuel 17:45-46
Marcos 10:46-52
Juan 5:17
Proverbios 3:6

ENSEÑANZAS PARA LEER Y DISCUTIR EN GRUPO

ENSEÑANZA N°1: *Pongamos la batalla en la perspectiva adecuada*

Como lo hemos venido recalcando, en la batalla de fe es importante tener una visión adecuada de las cosas. Los hijos de Dios no están en peligro porque en Él somos más que vencedores. El evangelista Eugenio Jiménez acostumbra decir: «Si somos más que vencedores, es porque somos campeones». En otras palabras, las tinieblas no tienen posibilidad de victoria contra los hijos de Dios. ¡En Él estamos seguros! (Sal. 91:4).

ENSEÑANZA N°2: *No perdamos la visión*

David entendió que no era una guerra entre él y Goliat, sino entre Dagón o cualquiera de los dioses falsos de los filisteos y Jehová de los ejércitos, Dios de Israel. El deseo de protagonismo hace que muchos siervos del Señor perdamos a veces la visión y la ubicación. El Espíritu Santo ha salido en auxilio de este autor cuando ha perdido la orientación. Cuando, por ejemplo, en las campañas comienzan a llegar los enfermos y mi corazón se angustia al comprender que no tengo la capacidad de sanarlos, el Señor me habla aclarándome que solo Él puede sanarlos.

ENSEÑANZA N°3: *Testigos y no protagonistas*

Cuando en una labor cristiana perdemos la noción de quién es quién y de cuál es la función de cada uno, entramos en crisis. Dios nos ha llamado a ser testigos y no protagonistas, y la diferencia es de suma importancia. El protagonista es el que ejecuta la acción y el testigo es el que testifica o describe el hecho reconociendo al protagonista. Nosotros somos testigos y, por eso, no tenemos que salvar ni sanar, ni impresionar a nadie. Ese es trabajo de Dios y solo de Él. Pero lo que sí nos toca es dejar bien en claro quién es el protagonista y que Él reciba toda la gloria y el reconocimiento. El ejemplo de Jesús como ministro nos debe ayudar a ver esta realidad. En muchas ocasiones, Jesús aclaró que solo hacía lo que veía hacer al Padre y hablaba lo que oía del Padre (Juan 5:19).

¿Qué hemos aprendido hasta ahora con respecto a la posición de Dios y nuestra posición en la vida de fe?

ENSEÑANZA N°4: *La mano de Dios no se ha acortado*

Si abrimos los ojos como el profeta, veremos el gran ejército que lucha a nuestro favor (2 Rey. 6:8-17). También veremos lo que nuestro Señor y Dios nos enseñó al afirmar: «Mi Padre hasta ahora trabaja, y yo trabajo» (Juan 5:17). La mano de Dios no se ha acortado (Núm. 11:23). Él está tan activo hoy como durante la creación, en el tiempo de Moisés o cuando Jesús anduvo haciendo obras de bien en la tierra.

¿Cuáles son los principios que debemos considerar de estas cuatro primeras enseñanzas?

ENSEÑANZA N°5: *Dios nos está formando*

Nos equivocamos al creer que Dios necesita un lugar especial para formarnos y hacernos crecer. En cada movimiento, situación, encuentro, decisión o circunstancia, Dios nos está formando y está trabajando en nosotros. Nunca pierde el sentido de orientación y siempre provoca condiciones en nuestra vida que, aunque parezcan casualidades, son solo parte de Su proceso formativo. Usted no es un accidente, sino que es parte integral del plan divino.

ENSEÑANZA N°6: *Descubramos a Dios en la rutina*

En los tiempos de David, el pastoreo de ovejas se consideraba una labor de baja categoría. Pastorear ovejas hubiera sido una desgracia para cualquiera, pero David le sacó provecho. Por eso, la clave no está en dónde vivo, ni bajo qué circunstancias vivo, sino cómo descubro a Dios en mi rutina diaria; cómo interpreto las acciones de Dios en el quehacer cotidiano. ¡En nuestra vida diaria hay grandes oportunidades para ver cómo se revela el Señor! Sin duda alguna, David había practicado la presencia de Jehová en su diario vivir. Aun en esos momentos que parecían pasar sin gran gloria, él descubría la presencia del Señor. Dios participa en la vida de todo hombre, pero no todo hombre lo reconoce. Si reconocemos Su presencia en cada paso que damos, confirmaremos que tiene el control para hacer que todo obre para nuestra edificación y Su gloria.

¿Podría encontrar algunos ejemplos de como Dios actúa en la rutina de su vida diaria?

_____

_____

_____

_____

ENSEÑANZA N°7: *La voz de fe domina el ambiente*

David avanzó contra Goliat consciente de que la batalla era de Jehová. Si nos preguntamos por qué tenía tanta convicción, de seguro podremos contestar con esta frase: «Y toda la tierra sabrá que hay Dios en Israel» (1 Sam. 17:46). Lo que movía a David no era el deseo de reconocimiento ni de fama. Eso nunca hubiera movido a Dios. El motivo que puso a David en acción fue que toda la tierra supiera cuán real y poderoso era el Dios verdadero, Jehová el Señor, Dios de Israel. Estaba comprometido con el honor de Dios. La causa de David no era personal ni política; era divina. Él hizo de la causa divina su motivación y pasión personal.

_____
_____   *Vuelva a leer 1 Samuel 17*
_____   *y muestre cómo David*
_____   *buscó honrar al Señor;*
_____   *saque principios para su*
                        propia vida.

ENSEÑANZA N°8: *La fe es persistente*

A simple vista, los gritos de Bartimeo pidiendo misericordia solo parecen ser el resultado de la condición de miseria, enfermedad e impotencia de un hombre que vivía a expensas de la benevolencia pública. Sin embargo, Jesús pudo ver en aquellos gritos destemplados una expresión de fe. Los gritos sugerían que creía que Jesús podía hacer algo por él. La fe de este hombre necesitado lo llevó a desafiar a quienes intentaron callarlo y, por eso, gritaba con mayor intensidad: «Jesús, Hijo de David, ten misericordia de mí» (Mar. 10:48). En el grito expresaba su apremiante necesidad, pero también evidenciaba su confianza tanto en la habilidad como en la disposición de Cristo a tenderle la mano.

ENSEÑANZA N°9: *La fe es respuesta al llamado*

Bartimeo demostró que estaba lleno de fe y confianza. Lo evidenció al responder al llamado del Señor, porque es allí donde se muestra la fe: en nuestra respuesta al llamado. El ciego arrojó su tan preciada capa, porque no iba a permitir que nada estorbara su llegada a Jesús. Bartimeo se despojó de todo impedimento: Ni los hombres, ni las pocas o muchas pertenencias materiales, ni la costumbre, ni la mendicidad, ni ninguna otra cosa podía interponerse entre Bartimeo y Jesús.

Dios nos ha llamado a ser testigos y no protagonistas.

ENSEÑANZA N°10: *Además de creer, ¿qué puede faltar?*

Para el Señor, el cuadro no estaba completo, faltaba algo. Había una cosa que todavía podía impedir que ocurriera el milagro deseado. Y por eso hizo la pregunta más rara que se le puede hacer a un necesitado: «¿Qué quieres que te haga?» ¿Pero a quién se le ocurre semejante pregunta?, podríamos pensar. De seguro, los discípulos tienen que haberse preguntado: «¿Qué le sucede a Jesús?». Tal vez usted también se pregunte cómo Jesús no sabía lo que quería el ciego Bartimeo. Él sabía lo que necesitaba el hombre, como conoce también todos nuestros problemas. Aun así, hizo que quien buscaba el milagro pronunciara con claridad su petición. Es de suma importancia definir y expresar con nuestras propias palabras qué queremos de Dios.

«¿Qué quieres que te haga?» Esta pregunta no es solo para Bartimeo, es para usted en este momento. El ciego Bartimeo la contestó diciendo: «Maestro, que recobre la vista». Y en ese momento, ocurrió lo anhelado con tanta pasión y precisión.

¿Cuáles son los principios que debemos considerar en nuestra vida de fe de acuerdo a la historia de Bartimeo?

_____

_____

_____

_____

_____

ENSEÑANZA N°11: *La oración de fe es cura para la ansiedad*

Lo invito a seguir considerando este principio de ser específico en nuestra oración mediante las palabras de Pablo: «Por nada estéis afanosos, sino sean conocidas vuestras peticiones delante de Dios en toda oración y ruego, con acción de gracias» (Fil. 4:6). Para Pablo, la oración de fe era la cura de la ansiedad. El afán desaparece cuando el hombre entrega, por la fe, sus necesidades al Señor.

El afán desaparece cuando el hombre entrega, por la fe, sus necesidades al Señor.

ENSEÑANZA N°12: *Hagamos que Dios conozca nuestras peticiones*

Los hijos de Dios tienen una manera de decirle a su Padre celestial qué esperan de Él. Es al mismo tiempo la solución que el apóstol da al problema de la preocupación: «la oración». El Nuevo Testamento interlineal muestra que Pablo presenta un cuadro completo del proceso, empleando cuatro palabras griegas:

1. *Oración (proseujé):* se emplea para hablar de una oración en general.
2. *Súplica (déesis):* se emplea para hablar de momentos especiales de necesidad.
3. *Acciones de gracias (eujaristía):* nos hace mirar hacia otras circunstancias similares en que Dios nos ha ayudado.
4. *Peticiones (aítema):* se refiere a solicitudes específicas para necesidades específicas.

Piense en alguna necesidad que le esté produciendo ansiedad y aplique una oración donde enfatice estos cuatro puntos paulinos.

AFIRMEMOS LA ENSEÑANZA PRINCIPAL

La estrategia de los filisteos era amedrentar a los israelitas con las palabras de Goliat. La diferencia la puso una persona que las escuchó de manera distinta. El joven David escuchó lo que los demás no habían escuchado. Aprendamos de David a escuchar con el oído de Dios.

Otro aspecto cardinal a tener en cuenta en la presente lección es que a lo largo de las Escrituras se afirma el deseo de Dios de que seamos claros y específicos si esperamos respuestas directas. Divagar en la petición sin definir qué se anhela, no es un síntoma de espiritualidad, sino más bien de falta de fe y desconfianza en el amor y la buena voluntad que Dios puede tener para con Sus hijos.

EJERCICIO BÍBLICO

Comente con sus propias palabras el siguiente pasaje:

«Entonces vinieron a Jericó; y al salir de Jericó él y sus discípulos y una gran multitud, Bartimeo el ciego, hijo de Timeo, estaba sentado junto al camino mendigando. Y oyendo que era Jesús nazareno, comenzó a dar voces y a decir:

¡Jesús, Hijo de David, ten misericordia de mí! Y muchos le reprendían para que callase, pero él clamaba mucho más: ¡Hijo de David, ten misericordia de mí! Entonces Jesús, deteniéndose, mandó llamarle; y llamaron al ciego, diciéndole: Ten confianza; levántate, te llama. Él entonces, arrojando su capa, se levantó y vino a Jesús. Respondiendo Jesús, le dijo: ¿Qué quieres que te haga? Y el ciego le dijo: Maestro, que recobre la vista. Y Jesús le dijo: Vete, tu fe te ha salvado. Y en seguida recobró la vista, y seguía a Jesús en el camino» (Mar. 10:46-52).

RESUMEN DE LA LECCIÓN

En la batalla de fe es importante tener una visión adecuada de las cosas.

☐ David entendió que no era una guerra entre él y Goliat, sino entre Dagón o cualquiera de los dioses de los filisteos y Jehová de los ejércitos, Dios de Israel.

☐ Cuando en una labor cristiana perdemos la noción de quién es quién y de cuál es la función de cada uno, entramos en crisis.

☐ Si abrimos los ojos como el profeta, veremos el gran ejército que lucha a nuestro favor.

☐ Dios participa en la vida de todo hombre, pero no todo hombre lo reconoce.

☐ La causa de David no era personal ni política; era divina. Él hizo de la causa divina su motivación.

☐ Jesús pudo ver en los gritos de Bartimeo una expresión de fe.

☐ Es de suma importancia definir y expresar en palabras qué se quiere de Dios.

☐ Los hijos de Dios tienen una manera de decirle a su Padre celestial qué esperan de Él: la oración.

APLICACIÓN

De lo tratado en la lección, escriba un breve párrafo o frase sobre algo que para usted es particularmente importante y no debe olvidar:

_____

_____

_____

_____

PARA COMPARTIR EN GRUPO

Anote aquí una experiencia personal relacionada con el tema *El caso de David y Goliat, y de Bartimeo*, y las lecciones que pudo aprender de los testimonios de sus otros compañeros:

_____

_____

_____

_____

Lección 12

EL PROCESO *de la* FE

AFIRMACIÓN BÍBLICA PARA MEMORIZAR:
Pero teniendo el mismo espíritu de fe, conforme
a lo que está escrito: Creí, por lo cual hablé,
nosotros también creemos, por lo cual también
hablamos, sabiendo que el que resucitó al Señor
Jesús, a nosotros también nos resucitará con
Jesús, y nos presentará juntamente con vosotros.

2 Corintios 4:13-14

DINÁMICA DE MOTIVACIÓN

Pregunta para la discusión grupal: ¿Cómo nos motivamos mutuamente para creer y confiar en el Señor de manera personal, en la iglesia y entre cristianos?:

Leamos en voz alta el Salmo 103 y repitamos con fuerza las grandezas de Dios.

PROPÓSITO DE LA LECCIÓN

En esta lección aprenderemos a distinguir el proceso de fe que nos llevará a tener una fe más bíblica, sólida y de acuerdo al corazón de Dios.

Observe con atención los siguientes aspectos que se analizarán en la lección:

Cómo opera la fe
Sujete su mente a la autoridad divina
Desarrolle su potencial

La fe hace que las cosas ocurran
No se rinda
Debe izar las velas
Amplíe la visión
La fe nos impulsa

INTRODUCCIÓN

Al acompañar a individuos y familias en sus batallas, he podido observar y determinar lo que hemos llamado *El proceso de la fe*. La fe comienza por creer, y creer algo que se ha oído. El término griego *pistis*, del cual traducimos fe, significa una convicción basada en lo oído. Así que en el proceso de la fe es fundamental escuchar correctamente. Dios habla y nunca ha dejado de hacerlo, por eso es necesario prestar mucha atención. La lectura consciente de la Biblia nos permite escuchar a Dios y así darle fundamento a nuestra fe.

LECTURAS

Busque en la Biblia, lea y medite sobre el tema siguiendo las ideas expuestas en esta cadena bíblica:

2 Corintios 4:13-14
Génesis 12:1-5
Génesis 17
Santiago 2:17

ENSEÑANZAS PARA LEER Y DISCUTIR EN GRUPO

ENSEÑANZA N°1: *¿Cómo opera la fe?*

La fe opera cuando creemos. La confesión de fe es válida cuando se corresponde con un corazón convencido. Es válida también cuando nace del tratamiento íntimo del Espíritu Santo al espíritu del ser humano, en un proceso de sincero quebranto, donde el individuo descubre que la verdad de Dios prevalece y es guiado al arrepentimiento y a ponerse a cuentas con los términos de Dios. Por lo tanto, es justo decir que la fe opera cuando creemos, no cuando sentimos ni vemos. En el proceso de la fe debemos descubrir que esta debe distinguirse de las emociones. Por cuanto nuestro culto a Dios es racional y no meramente emocional, nuestra fe debe nacer de la sincera búsqueda de lo que Dios dice y de nuestra disposición a obedecer esa Palabra (Rom. 12:1-3).

ENSEÑANZA N°2: *¿Debemos sujetar y disciplinar la mente con relación a la fe?*

En el proceso de la fe es importante que el hombre sujete su mente a la autoridad divina. El control siempre debe tenerlo el espíritu, y no las emociones ni el cuerpo. El salmista, en su monólogo interno, se levanta bajo la autoridad de una voluntad sujeta a Dios y se da la orden: «Alaba, oh alma mía, a Jehová» (Sal. 146:1). En esa declaración del salmista no hubo una consulta al cuerpo para ver si tenía fuerzas o a las emociones para ver si estaban dispuestas.

ENSEÑANZA N°3: *¿Puede la fe desarrollar nuestro potencial como seres humanos?*

Todo ser humano nace con un extraordinario potencial. En este caso nos referimos a la potencia puesta por Dios en el individuo para desarrollarse y ser productivo. Sin fe en el Señor y en Sus planes se frustra el sueño de querer alcanzar aquello para lo cual estamos en este mundo. El cementerio es el lugar con mayor potencial acumulado, pues diariamente mueren preciosos seres humanos que nunca desarrollaron el suyo y se lo llevaron a la tumba.

ENSEÑANZA N°4: *¿Hace la fe que las cosas ocurran?*

Uno de mis versículos favoritos cuando enseño sobre la fe es: «Por tanto, os digo que todo lo que pidiereis orando, creed que lo recibiréis, y os vendrá» (Mar. 11:24). Disfruto al considerar la frase «lo que pidiereis orando» porque la gente parece creer que cuando pide, está orando. Pero la realidad es que a veces se pide sin orar, y en otras se ora sin pedir. No siempre que pedimos estamos orando. La petición fuera de la actitud de oración es un lamento vacío. Para que nuestra petición sea oración y tenga respuesta ha de ser dirigida a Dios en actitud de fe.

La fe es el catalizador que hace que las cosas ocurran.

¿Cuáles son las lecciones aprendidas en estos cuatro primeros puntos?

ENSEÑANZA N°5: *¿Qué pasa si me rindo?*

Renunciar a la fe es trágico. Quien se rinde, fracasa. Es cierto que cerca de la victoria final es cuando más arrecia la batalla, pero eso no es razón para rendirse, sino para intensificar nuestro trabajo y diligencia. No hay fracaso en pelear hasta el final, pero sí lo hay en abandonar la lucha. La vida de fe requiere perseverancia y paciencia, y por más dura que parezca, no hay otra forma de vida que valga la pena.

ENSEÑANZA N°6: *Para orar por viento hay que izar las velas*

El ejercicio de izar las velas es una expresión de fe. El proceso de la fe no está completo si no ejercemos una acción correspondiente a esa fe que profesamos. Muchos milagros quedan en el tintero esperando una acción que evidencie que, en efecto, creemos que podemos recibir aquello que estamos pidiendo. Mi amigo, empiece a levantar sus velas porque hay vientos de bendición que esperan su expresión de fe.

¿Qué aprendemos sobre la perseverancia y la anticipación en nuestra vida de fe en estas dos últimas enseñanzas?

ENSEÑANZA N°7: *¿Puede la fe impulsarnos a la acción?*

La fe produce una conexión entre el poder de Dios y nuestra necesidad. Lo primero que la fe produce es la convicción de que todo cuanto Dios dice es cierto. Es creer en Él, es creerle a Él, es descansar en Él.

En segundo lugar, la fe nos impulsa a tomar decisiones. Por ejemplo, al salir de Ur, Abraham arriesgaba sus posesiones, sus logros, su familia y sus relaciones. Realmente arriesgó todo aquello por lo que había trabajado toda su vida. Pero como dice el adagio popular, «Quien no arriesga no gana».

Sabemos que toda acción de negocio, todo proyecto empresarial, implica riesgo. Podríamos pensar que en la relación con Dios la perspectiva es diferente y nos preguntamos, ¿por qué Dios va a demandar que nos arriesguemos? Pero debemos tener en claro que solo desde nuestro punto de vista hay riesgo. Dios sabe perfectamente los planes que tiene para con nosotros y no hay nada que escape de Su providencia y soberanía. Cuando asumimos el riesgo de obedecer a Dios, aun cuando los sentidos humanos nos indican que lo más lógico es tomar otra ruta de acción, evidenciamos que confiamos en el juicio divino, que entendemos que Su voluntad es buena, agradable y perfecta (Rom. 12:2).

ENSEÑANZA N°8: *¿De qué depende el futuro?*

Las decisiones en Cristo no se pueden tomar considerando primero los riesgos, sino la promesa. Quien mira lo que pierde, nunca avanzará; pero quien mira la promesa se extiende con alas de fe al futuro y toma posesión de lo que le ha sido prometido.

El futuro no solo depende de las oportunidades que tengamos, sino de las decisiones que tomemos ante esas oportunidades. Siempre se abren caminos de oportunidades en la vida. Unos las verán y otros no; unos las aprovecharán, otros las dejarán pasar.

ENSEÑANZA N°9: *¿Qué riesgo hay en aprovechar las oportunidades?*

No se trata de cuántas oportunidades hemos tenido o cuántas tendremos, mas bien se trata de tener la actitud de fe que nos impulsa a subirnos a la ola y creer que Dios nos sostendrá en el viaje. Claro que hay riesgos, pero detenerse a mirarlos podría tomarle toda la vida. El consejo del apóstol Pablo es sostenerse como mirando al invisible. Nunca lo olvide: cuando Dios lo impulse a tomar una decisión de alto riesgo, mire las promesas; ellas harán que los riesgos empalidezcan.

_____

_____

_____

En este momento de su
vida, ¿cuáles riesgos de fe
está asumiendo?

ENSEÑANZA N°10: *¿Cuánto debe durar nuestro compromiso?*

La fe nos impulsa a emprender largas jornadas, porque los compromisos de fe son a largo plazo. Por ejemplo, no se inicia una empresa pensando que en poco tiempo la abandonaremos. Tampoco se toma el pastorado de una iglesia esperando que surja una mejor, para dejar la primera y pasarme a la otra. Los votos matrimoniales son hasta que la muerte nos separe. ¡Eso es compromiso a largo plazo! La fe es un compromiso a largo plazo, porque es principalmente un compromiso con Dios.

ENSEÑANZA N°11: *¿Debemos ampliar la visión de nuestra vida?*

Abram, alimentado por la fe, cubrió una ruta de más de 2400 km (alrededor de 1500 millas) desde Ur hasta Canaán. En gran parte, era una ruta desértica y de seguro era mucho más de lo que Abram hubiera deseado caminar. Justamente los sueños que provienen de Dios tienen la particularidad de ampliar nuestros horizontes. Abram oraba por un hijo y Dios le multiplicó su descendencia como las estrellas del cielo. Abram veía una familia y Dios le dio naciones. Esto mismo se observa en la profecía de Isaías que nos exhorta a ampliar el sitio de nuestra tienda, a extender las cortinas y ahondar las estacas, eso es ampliar la visión, elevar el grado de excelencia y fortalecernos (Isa. 54:1-3).

ENSEÑANZA N°12: *¿Nos impulsa la fe a lo imposible?*

La fe nos hace mirar más allá de nuestras posibilidades. En Génesis 17, se lo describe a Abram como un anciano de 99 años, y a Sarai su esposa de unos 89. A él Dios lo llamó Abraham y a ella, Sara. En ambos casos, Dios amplió su visión, sus expectativas. La fe es una fuerza en desarrollo, porque cuando el anciano pensaba que ya no quedaba un horizonte nuevo, Dios comenzó a pintar un nuevo amanecer y le dijo: «en esa dirección te llevo». En el lenguaje de la fe lo imposible no es un obstáculo, sino un desafío. Tener un niño era imposible a la edad de Abraham y Sara, pero no cuando lo vivieron en la dimensión de la fe. La fe siempre obrará en lo humanamente imposible.

ENSEÑANZA N°13: *¿Debemos entregarlo todo?*

La fe nos impulsa siempre a entregarlo todo. Tal es el caso de Abraham y Sara, quienes luego de tener el hijo prometido, objeto de la promesa y en el cual estaban cifradas todas las ilusiones de una familia, Dios se lo pide de vuelta. ¿Cómo entender esa solicitud de Dios? Lo cierto es que el Señor no estaba jugando, les pedía su hijo con toda seriedad. Y así lo entendió Abraham.

No debemos olvidar olvidar que donde está nuestro tesoro, allí estará nuestro corazón. Allí se puso de manifiesto que el corazón y la confianza de Abraham no estaban puestos en el niño, sino en el Señor que se lo había dado.

A menudo nuestra fe será probada por Dios, y en el medio aparecerá el pedido divino para que le entreguemos lo que más amamos, aquello tan preciado que podría parecernos inconcebible vivir sin ello. Lo que Dios pretende no es despojarnos de las cosas que amamos, sino estimularnos a realizar una transferencia y una evaluación del tesoro. Para que nuestro corazón esté en el lugar correcto, nuestro tesoro ha de estar en el reino de Dios. Todas nuestras posesiones deben ser transferidas al reino.

ENSEÑANZA N°14: *¿Qué debemos hacer con la fe?*

La fe nos impulsa a entregarlo todo y no se detiene a reparar en lo que da, sino en las razones por las que da. No se muestra en lo que sentimos que creemos, sino en lo que hacemos con lo que creemos. Y si lo que creemos no nos lleva a hacer algo, ¿para qué lo creemos? (Sant. 2:17). ¿Qué está haciendo con su fe? La fe es la capacidad que el Espíritu Santo nos da para que creamos y pongamos en práctica lo que Dios afirma desde Su Palabra. La fe nos impulsa.

_____
_____
_____
_____
_____

Establezca los principios
aprendidos en las últimas
enseñanzas y tome
decisiones en cuanto a su
vida de fe.

AFIRMEMOS LA ENSEÑANZA PRINCIPAL

El proceso de la fe comienza creyendo, no confesando. No se habla para creer, se habla porque se cree. Es por ello que debemos definir de dónde hemos de sacar lo que vamos a creer. ¿Creeremos lo que se nos ocurra? ¿Creeremos lo que la gente cree o lo que dice Dios? La fuente de aquello que usted cree es determinante en lo que respecta a la autenticidad de la fe profesada. La lectura consciente de la Biblia nos permite escuchar a Dios y así darle una base a nuestra fe.

EJERCICIO BÍBLICO

Reflexione y luego reproduzca con sus propias palabras el siguiente versículo:

«Por la fe Abraham, siendo llamado, obedeció para salir al lugar que había de recibir como herencia; y salió sin saber a dónde iba. Por la fe habitó como extranjero en la tierra prometida como en tierra ajena, morando en tiendas con Isaac y Jacob, coherederos de la misma promesa; porque esperaba la ciudad que tiene fundamentos, cuyo arquitecto y constructor es Dios» (Heb. 11:8-10).

_____
_____
_____
_____

RESUMEN DE LA LECCIÓN

☐ La fe opera al creer. La confesión de fe es válida cuando corresponde a un corazón convencido.

☐ Es importante que el hombre sujete su mente a la autoridad divina. El control debe estar siempre en el espíritu, y no en las emociones ni en el cuerpo.

☐ El potencial puesto por Dios demanda fe para desarrollarse. Sin fe se frustra el sueño de querer alcanzar aquello para lo cual estamos en este mundo.

☐ A veces se pide sin orar y otras se ora sin pedir. No siempre que pedimos estamos orando.

☐ Renunciar a la fe es trágico. Quien se rinde, fracasa.

☐ El ejercicio de izar las velas es una expresión de fe. El proceso de la fe no está completo si no ejercemos una acción correspondiente a esa fe que sentimos y profesamos.

☐ La fe es la conexión entre el poder de Dios y nuestra necesidad. Es la convicción de que todo cuanto Dios dice es cierto.

☐ Las decisiones no se pueden tomar considerando los riesgos, sino la promesa. Quien mira lo que pierde, no avanza; pero quien mira la promesa se extiende con alas de fe al futuro y posee lo que le ha sido prometido.

☐ No se trata de cuántas oportunidades hemos tenido o cuántas tendremos, más bien se trata de tener la actitud de fe que nos impulsa a subirnos a la ola y creer que Dios nos sostendrá en el viaje.

☐ La fe nos impulsa a emprender largas jornadas. Los compromisos de fe son a largo plazo.

☐ La fe nos hace mirar más allá de nuestras posibilidades. La fe espera lo humanamente imposible.

☐ La fe nos impulsa a entregarlo todo, y no se detiene a reparar en lo que da, sino en las razones por las que da.

APLICACIÓN

De lo tratado en la lección, escriba un breve párrafo o frase sobre algo que para usted es particularmente importante y no debe olvidar:

_____

_____

_____

_____

PARA COMPARTIR EN GRUPO

Anote aquí una experiencia personal relacionada con el tema *El proceso de la fe* y las lecciones que pudo aprender de los testimonios de sus otros compañeros:

_____

_____

_____

_____